Etíope resgatado,
empenhado, sustentado,
corrigido, instruído e libertado

FUNDAÇÃO EDITORA DA UNESP

Presidente do Conselho Curador
Mário Sérgio Vasconcelos

Diretor-Presidente
Jézio Hernani Bomfim Gutierre

Superintendente Administrativo e Financeiro
William de Souza Agostinho

Conselho Editorial Acadêmico
Carlos Magno Castelo Branco Fortaleza
Henrique Nunes de Oliveira
João Francisco Galera Monico
João Luís Cardoso Tápias Ceccantini
José Leonardo do Nascimento
Lourenço Chacon Jurado Filho
Paula da Cruz Landim
Rogério Rosenfeld
Rosa Maria Feiteiro Cavalari

Editores-Assistentes
Anderson Nobara
Leandro Rodrigues

MANUEL RIBEIRO ROCHA

ETÍOPE RESGATADO, EMPENHADO, SUSTENTADO, CORRIGIDO, INSTRUÍDO E LIBERTADO

Edição preparada,
introduzida e comentada por
Jean Marcel Carvalho França e
Ricardo Alexandre Ferreira

© 2017 Editora Unesp
© edição de Jean Marcel Carvalho França e Ricardo Alexandre Ferreira

Direitos de publicação reservados à:
Fundação Editora da Unesp (FEU)
Praça da Sé, 108
01001-900 – São Paulo – SP
Tel.: (0xx11) 3242-7171
Fax: (0xx11) 3242-7172
www.editoraunesp.com.br
www.livrariaunesp.com.br
feu@editora.unesp.br

CIP – Brasil. Catalogação na publicação
Sindicato Nacional dos Editores de Livros, RJ

R574e

Rocha, Manuel Ribeiro
 Etíope resgatado, empenhado, sustentado, corrigido, instruído e libertado / Manuel Ribeiro Rocha; Jean Marcel Carvalho França; Ricardo Alexandre Ferreira. – 1.ed. – São Paulo: Editora Unesp, 2017.

 ISBN 978-85-393-0650-3

 1. Escravidão – Brasil. I. França, Jean Marcel Carvalho. II. Ferreira, Ricardo Alexandre. III. Título.

16-36593
CDD: 981.03
CDU: 94(81)

Editora afiliada:

Sumário

Apresentação: um livro setecentista sobre a escravidão   7
Jean Marcel Carvalho França
Ricardo Alexandre Ferreira

**Etíope resgatado, empenhado, sustentado, corrigido,
instruído e libertado**   37

Primeira parte
Do que respeita ao foro interno   65

Segunda parte
Do que respeita ao modo lícito e
válido da negociação e possessão destes cativos   89

Terceira parte
Do que respeita ao foro contencioso   107

6 *Etíope resgatado, empenhado, sustentado, corrigido, instruído e libertado*

Quarta parte
Do que respeita ao sustento destes cativos   119

Quinta parte
Do que respeita à correção   131

Sexta parte
Do que respeita à instrução na
doutrina cristã   149

Sétima parte
Do que respeita à instrução
nos bons costumes   165

Oitava e última parte
Do que respeita aos
últimos fins destes cativos   177

Repertório das coisas mais e menos
notáveis deste discurso   197

Bibliografia das obras citadas por
Manuel Ribeiro Rocha   217

Apresentação

Um livro setecentista sobre a escravidão

Padre e advogado na Bahia

Em 1830, o reverendo irlandês Robert Walsh (1772-1852), homem culto e vivido, que passara um punhado de meses no Brasil como membro do Comitê da Sociedade para a Abolição da Escravatura, escreveu no seu *Notícias do Brasil*:

Embora os portugueses tenham sido os primeiros europeus a escravizar os negros, é preciso fazer-lhes justiça e salientar que estiveram também entre os primeiros europeus a se colocar contra o tráfico. Em 1758, Manuel Ribeiro Rocha, um religioso, publicou, em Lisboa, uma obra intitulada "Etiópia resgatada" ou "África redimida", obra que causou considerável sensação no seu tempo. Ouvi dizer que havia cópias no Rio de Janeiro, nomeadamente na Biblioteca Imperial e na biblioteca do convento de Santo Antônio. Procurei, no entanto, em ambas sem nenhum sucesso; e tenho razões para imaginar que tais cópias desapareceram quando a questão da completa abolição do comércio de escravos tornou-se objeto de reflexão geral no Brasil. O bibliotecário de São Bento, contudo, encontrou para mim uma cópia na biblioteca do convento da qual extraí algumas passagens para ilustrar o que os portugueses esclarecidos de sete décadas atrás pensaram sobre o assunto.[1]

Mal sabia o reverendo Walsh que a sua discreta e imprecisa nota sobre a obra de um obscuro *português esclarecido* do século XVIII daria início, malgrado a pequena circulação do livro, a ausência de reedições e as diminutas notícias sobre o seu autor, a uma vasta fortuna crítica na historiografia brasileira.[2] Mas, afinal, que livro era esse? Quem era o seu autor, o citado padre Manuel Ribeiro Rocha? Em que ambiente esse homem viveu e se educou? Que outros registros escritos legou-nos esse padre? A que universo cultural remete a sua obra?

Partamos do princípio: partamos do padre Manuel Ribeiro Rocha, o autor do livro que Walsh equivocadamente denominou *Etiópia resgatada*. Durante muito tempo, tudo o que se sabia sobre Rocha era o que fora declarado nas folhas de rosto dos seus três livros: "Lisbonense, domiciliário da cidade da Bahia e nela advogado e bacharel, formado na Universidade de Coimbra". Diogo Barbosa Machado, único biógrafo conhecido do padre no século XVIII, limita-se, no quarto volume de sua *Biblioteca Lusitana*, a repetir esse dístico, acrescentando que Rocha era "muito instruído na lição dos Santos Padres e autores ascéticos".[3] Machado, no entanto, embora tenha, na qualidade de ordinário, emitido um parecer recomendando a publicação de um dos livros do padre Rocha – *Socorro dos fiéis aos clamores das almas santas* –, omite, no verbete que lhe dedica, um dos seus três livros – todos publicados em Lisboa pela mesma casa editorial, em 1758 –, nomeadamente o *Etíope resgatado*. Depois de Barbosa Machado, pouco foi acrescentado à biografia do padre Manuel Ribeiro Rocha, salvo um pequeno detalhe aqui e outro acolá.[4]

---

1. Walsh, *Notices of Brazil in 1828 and 1829*, v.1, p.315-6.
2. Ver "Bibliografia" ao final desta introdução.
3. Machado, *Bibliotheca lusitana, histórica, crítica e cronológica*, t.IV, p.248.
4. Uma versão atualizada da biografia de Manuel Ribeiro Rocha pode ser encontrada em Fragoso, Na Bahia setecentista, um pioneiro do abolicionismo?, *Revista História (São Paulo)*, p.68-105, 2012.

Desdobremos, então, as notícias que Ribeiro Rocha deixou impressas nas páginas de abertura de seus livros. Ele nasceu sem dúvida em Lisboa, mas seus antepassados paternos, os poucos de que se tem notícia, não eram lisboetas. Ao menos é o que se depreende de um documento datado de 23 de janeiro de 1720 – uma *diligência de genere*[5] –, endereçado ao provisor e juiz das justificações de genere do bispado de Coimbra, no qual se lê:

> Diligências de genere que por requisitório do arcebispado da Bahia se fizeram na freguesia de Várzea de Góes deste bispado a Manuel Ribeiro Rocha, natural da cidade de Lisboa Oriental, compatriota do dito arcebispado, por pedido de seu avô paterno.[6]

Mais adiante, a diligência é um pouco mais precisa:

> Doutor Sebastião do Valle Pontes, deão do sínodo da Bahia, desembargador da relação eclesiástica, provisor e juiz das justificações de genere em todo este arcebispado, pelo ilustríssimo senhor dom Sebastião Monteiro da Vide, arcebispo metropolitano da Bahia, primaz do estado do Brasil, conselheiro de Sua Majestade Real, ao muito reverendo senhor doutor, ou a quem seu nobre cargo servir e poder tiver, saúde e paz para sempre em Jesus Nosso Senhor, que dele dou fé verdadeira, remédio e salvação. Faço saberem como Manuel Ribeiro Rocha, natural da cidade de Lisboa Oriental e compatriota deste arcebispado, neto pela parte paterna de Manuel Francisco, natural do Largo de São Sebastião, bispado de Coimbra, enviou a dizer por sua pensão à sua ilustríssima que ele suplicante desejava sumamente viver na cidade de Salvador, para o que lhe era necessário mostrar limpeza do seu sangue.[7]

---

5. A *inquirição de genere* ou *diligência de genere* consiste numa inquirição de pureza de sangue (*de puritate sanguinis*), requisitada por todo aquele que, entre outras coisas, queria ordenar-se padre.

6. *Inquirição de genere*. Fundo documental da Universidade de Coimbra e da Câmara Eclesiástica de Coimbra, 1720.

7. Ibidem.

10 *Etíope resgatado, empenhado, sustentado, corrigido, instruído e libertado*

Para demonstrar a limpeza ou não do sangue de Ribeiro Rocha – a tal *diligência de genere* –, o juiz das justificações de genere mandou inquirir sete testemunhas provenientes da Várzea de Góes – atual Vila Nova do Ceira, localidade situada a cerca de trinta quilômetros de Coimbra –, terra de onde provinham os antepassados paternos do candidato. O minucioso documento, ainda que bastante repetitivo e entrecortado por infindáveis fórmulas jurídicas, apresenta, aqui e ali, umas tantas notícias que nos interessam sobre a família de Rocha. Eram bisavós paternos do padre Manuel, Antônio Francisco, o Manco, e Ana Catarina Gonçalves, ambos lavradores, que tiveram três filhos: Ana, Maria e Manuel Francisco Rocha, avô daquele que o documento intitula *habilitando*. Manuel Francisco, no entanto, quebrando a tradição da família, engajou-se nas lutas pela Restauração do trono português, tornando-se soldado e mudando-se para Lisboa. Segue o que narra uma das testemunhas convocadas:

> [...] diz que conheceu muito bem ao suplicante Manuel Francisco, natural deste lugar, filho que era de [...] Antônio Francisco, o Manco, e de sua mulher Ana Gonçalves, os quais ela, testemunha, também conheceu, sendo menina, moradores deste lugar por cima da Rua da Ajuda, pegados nas casas de Garcia Dias, e ambos, sempre ouvira dizer, eram naturais desta mesma freguesia, onde tiveram ao dito Manuel Francisco, seu filho, e a duas filhas, uma que se chamava Ana e outra, Maria; [...] e se lembra ela, testemunha, listarem-no soldado para servir em Lisboa, para donde foi [...].[8]

Pouco mais acrescenta a *diligência*, salvo que o dito Manuel Francisco, avô do *habilitando*, suas irmãs,

> [...] linhagens e parentes que, sim, são limpos e de bom sangue, sem raça alguma de judeu, ou mouro, ou negro, nem de outra alguma infecta nação das reprovadas em direito contra nossa santa fé, e por

---

8. Ibidem.

Apresentação

legítimos cristãos velhos foram sempre tidos e havidos, sem fama ou rumor em contrário [...].[9]

Depois de Manuel Francisco Rocha ter se mudado para Lisboa, não há mais notícias suas a não ser que contraiu matrimônio com uma tal Joana Ribeiro e que teve filhos, um dos quais, Francisco Ribeiro Rocha, pai de Manuel Ribeiro Rocha. Do pai Francisco, porém, nada se sabe. Teria irmãs ou irmãos? Qual ofício abraçou? Foi soldado como o pai? Firmou matrimônio legítimo? Gerou mais algum filho além do futuro padre Manuel? Para tais perguntas, por ora, não temos respostas, somente exercícios de retrodicção. Podemos supor, por exemplo, que Francisco contraiu matrimônio entre a última década do século XVII e o início do XVIII, teve um único descendente nos primeiros anos do Setecentos, ingressou na carreira pública, enviuvou e, uma vez viúvo, emigrou para o Brasil, especificamente para Salvador, onde criou seu filho. De certo, porém, sabe-se somente que Francisco morreu viúvo na Bahia, em 25 de abril de 1761, e que foi enterrado no convento de São Francisco, instituição com a qual o seu filho mantinha relações profissionais.

> Aos vinte e cinco de abril de mil setecentos e sessenta e um faleceu, com todos os sacramentos, Francisco Ribeiro Rocha, viúvo, que foi sepultado no convento de São Francisco e no mesmo hábito amortalhado, depois de encomendado pelo reverendo pároco. Do que fiz este assento que com verdade assinei.[10]

Manuel Ribeiro Rocha deixou mais traços do que seu pai. O primeiro de que se tem notícia consta num documento da Universidade de Coimbra, datado de 1729:

---

9. Ibidem.
10. *Livro de óbitos da Sé (1734-1762)*. Salvador: Laboratório Reitor Eugenio Veiga, [s.d.].

12 Etíope resgatado, empenhado, sustentado, corrigido, instruído e libertado

O mesmo padre Manuel Ribeiro Rocha, filho natural de Francisco Ribeiro Rocha, natural de Lisboa, tem mais provisão de sua Majestade, passada a 18 de julho de 1729, por qual lhe fez mercê de lhe mandar levar em conta um ano de Lógica que estudou no colégio da Companhia da cidade da Bahia, que foi no ano de 1718 [...] sendo para isso examinado no Colégio das Artes de Coimbra [...].[11]

Ribeiro Rocha cursara Lógica no Colégio Jesuíta da Bahia, cidade onde residia antes de retornar a Coimbra para cursar Direito Canônico. Certamente, o lisbonense seguira o curso de Artes (Filosofia) que os membros da Companhia mantinham em Salvador, curso que tinha o estatuto de uma Faculdade de Filosofia e de Direito Pontifício e que, desde a segunda metade do século XVII, garantia, aos seus discentes que queriam ir a Coimbra cursar Cânones, Direito Civil e Medicina, privilégios idênticos aos docentes provenientes da Universidade de Évora.

O plano de estudos do colégio constava de três cursos: ao curso de Letras, o mais rudimentar, seguia-se o de Filosofia ou de Artes e, arrematando a educação do discente, o curso de Teologia. O curso de Humanidades tinha como núcleo o ensino oral e escrito da língua latina. O curso de Filosofia ou de Artes, que aqui interessa especialmente, durava cerca de 43 meses e compunha-se de Dialética, Lógica, Física e Metafísica. Os seculares, que passaram a ser admitidos desde cedo nos colégios jesuítas, costumavam parar aí os seus estudos, dispensando o curso de Teologia, que durava mais 48 meses (reduzido a 24 meses nos colégios jesuítas do Brasil) e era destinado sobretudo aos que queriam entrar para a Companhia de Jesus.

Manuel Ribeiro Rocha parece ter parado seus estudos no colégio da Companhia no segundo nível, no curso de Artes, pois sua ordenação como padre secular, com cerca de vinte e poucos anos, deu-se por volta de 1720. Daí o pedido da *diligência de genere* encaminhado pelo arcebispo da Bahia ao seu congênere em Coimbra,

---

11. *Livros de provas de curso. Provisão régia.* Fundo documental da Universidade de Coimbra e da Câmara Eclesiástica de Coimbra, 1730.

Apresentação 13

atendendo às exigências do *Regimento do Auditório Eclesiástico do Arcebispado da Bahia*, organizado por Sebastião Monteiro da Vide, em 1702, no qual se lê:

> Os que pretenderem ordenar-se neste nosso arcebispado sendo filhos dele, se habilitarão primeiro *de genere*; para o que nos farão petição, declarando de quem são filhos; e se são de legítimo matrimônio; donde são naturais, e moradores, e dizendo mais nela os nomes de seus avós paternos, e maternos; as freguesias, e terras, bispados donde são naturais, e donde são, ou foram moradores, e donde trazem suas origens. E depois de ser remetida por nós ao juiz das justificações, antes de lhe mandar fazer diligência alguma, se informará pelos párocos, donde os sobreditos forem naturais, secretamente da limpeza do sangue do habilitando, vida, e costumes, e da limpeza de seus pais, e avós, o que fará por carta sua, que enviará aos párocos encomendando-lhes a brevidade, e que o informem por carta cerrada com verdade e segredo [...].[12]

Depois de ordenado padre, em 1720, os rastros deixados por Ribeiro Rocha escasseiam. É somente em 1724 que voltamos a ter notícias suas. O padre *Emmanuelis Ribeiro Rocha*, que adotou o nome acadêmico de *Artium Magistre*, apresentou a seus colegas da Academia dos Esquecidos (1724-1725), entre os quais o coronel Sebastião da Rocha Pita, o desembargador Caetano de Brito Figueiredo, o capitão João de Brito e Lima, o padre Gonçalo Soares da Franca e outros homens de qualidade da Bahia, dois epigramas. O primeiro deles, na sessão inaugural da academia, em 23 de abril:

ADVERTÊNCIA POÉTICA
Que se apresente de modo agradável a Academia baiana,
que, nutridora, produz varões doutos;
deste modo, porque erguendo-se, frondosa, das escolas brasileiras,
dará, com verdejante arte, flores e frutos;

---

12. Ver *Regimento do Auditório Eclesiástico do Arcebispado da Bahia*, p.76.

14 *Etíope resgatado, empenhado, sustentado, corrigido, instruído e libertado*

crescerá, obscurecendo sóis mais claros do que a luz dos antepassados, como o astro, ao nascer do dia, encobre outras estrelas.

O outro, intitulado somente *Epigrama*, na sessão de 7 de maio do mesmo ano:

EPIGRAMA
Os gregos cultuaram a nascida de Jove como divindade,
visto que Minerva fazia crescer suas artes.
A Graça protege-lhe o nome, o ínclito rei cumula suas artes,
e, digno de honra da deusa, as vossas.
Portanto, noviços, venerai o rei João;
vossa escola verdeja das forças dele.[13]

Ribeiro Rocha tinha, pois, uma vida intelectual ativa nas décadas iniciais do século XVIII. Ainda que de maneira modesta – somente dois epigramas em latim –, o jovem padre participara da primeira academia literária brasileira, a Academia Brasílica dos Esquecidos, ao lado de nomes sonantes da modestíssima vida intelectual baiana do período, como Sebastião da Rocha Pita e Luís de Siqueira da Gama.

Quase meia década mais tarde, em 1728, o ex-estudante do Colégio Jesuíta da Bahia e padre ordenado Ribeiro Rocha, aproveitando-se de suas excelentes relações em Salvador – sobretudo com os jesuítas – e de uma mercê concedida pelo rei aos estudantes de Ultramar que desejassem se educar em Portugal, ingressa na Universidade de Coimbra. Em seu histórico escolar de 1730, lê-se:

O padre Manuel Ribeiro Rocha, filho natural de Francisco Ribeiro Rocha, natural de Lisboa, tem provisão de Sua Majestade, passada a

---

13. Castello, *O movimento academicista no Brasil 1641-1820/22*, v.I, t.I, p.98 e 175. A tradução dos poemas, originalmente em latim, coube a Alexandre P. Hasegawa.

Apresentação 15

26 de junho de 1730, por qual lhe faz mercê de lhe dar um ano, como tem dado aos estudantes do Ultramar, para se formarem, para assistir na Bahia e vir desta estudar com fiança de seu prelado para tornar para lá.[14]

Rocha foi agraciado com essas provisões entre 1728 e 1732. Informam ainda os registros da Universidade de Coimbra que o estudante proveniente da Bahia fez o seu ato de bacharel em 16 de junho de 1731 e formou-se em 26 de maio de 1732, quando provavelmente retornou ao Brasil.

Depois de Coimbra, as notícias sobre Rocha são um pouco mais esparsas. Em 1738, já fazendo uso do diploma que conquistara em Portugal, o padre, segundo consta da relação de pagamentos da instituição, era advogado da Ordem Terceira de São Francisco: "Por dinheiro ao reverendo doutor Manuel Ribeiro da [sic] Rocha, síndico das causas e dependências desta Ordem, como consta da sua quitação de 32$000 réis".[15] Em 1741, o "reverendo doutor Manuel Ribeiro Rocha" reaparece, numa "escritura de débito, de obrigação e hipoteca", emprestando 2 mil cruzados, a juros de 6% e 4%, ao alferes Antônio de Macedo Leal e à sua mulher Lourença Maria de Santa Rosa para que pudessem pagar uma dívida contraída em 1738. Cerca de um ano mais tarde, em julho de 1742, Rocha galga outra colocação, torna-se síndico do Cível da Santa Casa de Misericórdia da Bahia. Diz o documento de sua contratação:

> Aos trinta e um dias do mês de julho do ano de mil setecentos e quarenta e dois, na casa do despacho desta Santa Casa da Misericórdia, estando [...] o senhor procurador dela, Domingos Lucas de Aguiar, comigo escrivão e mais irmãos conselheiros [...], foi proposto, pelo dito senhor procurador, uma petição do reverendo doutor Manuel

---

14. *Cartas de curso.* Fundo documental da Universidade de Coimbra e da Câmara Eclesiástica de Coimbra, 1731.

15. Alves, A escravidão e a campanha abolicionista. *Anais do Arquivo do Estado da Bahia*, p.223, 1982.

16 *Etíope resgatado, empenhado, sustentado, corrigido, instruído e libertado*

Ribeiro Rocha, advogado no terceiro auditório desta cidade, em que dizia se havia vago o lugar de síndico desta casa, para autorizar as causas cíveis e particulares dela, pela deixação do doutor Francisco Xavier de Araújo Lassos, e nele conhecer os requisitos necessários para exercer a dita ocupação, pedindo o querer lhe admitir nela, o que visto e ordenado pelos ditos irmãos da mesa tenham conhecimento da suficiência dele suplicante, foi por despacho dele admitido ao dito lugar de síndico do Cível da dita Santa Casa com ordenado de cento e dez mil réis por ano, que tinha seu antecessor, pago aos quartéis e todos os mais proventos e pecúlios que lhe competem, com obrigação de advogar em todas as causas cíveis, da obrigação desta casa, que correm na cidade, e vem das vilas e capitanias [...].[16]

Em 1757, Rocha aparece como notário apostólico – um tabelião eclesiástico – da cúria arquidiocesana de Salvador, mas é, sem dúvida, nos meses seguintes, que o reverendo doutor conhecerá maior notoriedade. É de 1758 a publicação de seus três únicos livros conhecidos: *Nova prática dos oratórios particulares*, oferecido a São José; o *Etíope resgatado*, consagrado à Virgem Maria; e *Socorro dos fiéis*, dedicado a Jesus Salvador do Mundo.

Passando os olhos pelas décimas, epigramas, sonetos e licenças que precedem essas obras, podem-se extrair umas tantas informações sobre Ribeiro Rocha. Merecem atenção, por exemplo, as ligações que o padre continuava a manter com seus primeiros educadores, os discípulos de Inácio de Loyola. Em geral, são de jesuítas os sonetos laudatórios que abrem os seus livros e é com um jesuíta, um provincial da Companhia no Brasil, João Honorato, que Rocha estabelece, no *Socorro dos fiéis*, um longo diálogo acerca dos modos de amenizar a passagem de um pecador pelo Purgatório. Outra informação que salta aos olhos diz respeito à frágil saúde de Manuel Ribeiro Rocha. Em uma décima, escrita pelo padre Francisco Gomes do Rego e publicada nas primeiras páginas do *Etíope resgatado*, lê-se:

---

16. *Arquivo da Santa Casa de Misericórdia da Bahia.* Livro 3 de Acórdãos da Mesa e Junta, v.14, p.171V.

Um tal livro compusestes,
Qual ninguém premeditou;
Para vós Deus o guardou;
Porque vós lho merecestes.
Mas se enfermo escrevestes,
O que ninguém escreveu,
Cuida o pensamento meu,
Que em coisa de tanto porte
Quis Deus confundir o forte,
Pois ao enfermo elegeu.[17]

Em *Socorro dos fiéis*, seu último livro, é o próprio Rocha, dirigindo-se às almas detidas no Purgatório, quem declara:

Ajudai, pois, nossas promessas com vossas súplicas, rogando a Deus que nos ponha o adjutório de sua graça, com a qual as possamos cumprir, de sorte que vos apressemos mais e mais o logro da eterna glória. E ultimamente favorecei também em vida e por morte a quem, constrangido de estranha enfermidade, recluso, solitário, incomunicável, tomou, por respiração das próprias mágoas, o promover por esta via algum alívio mais às vossas penas; e assim como faz as partes de advogado vosso para com os homens, fazei vós também o ofício de advogadas dele para com Deus; a quem seja dada toda a honra, glória e louvor, por infinitos séculos de séculos.[18]

A doença grave e prolongada que condenava Rocha à reclusão talvez explique o seu completo desaparecimento da documentação coetânea depois de 1758. Há notícias suas somente em 1779, precisamente em 31 de março, quando o livro de óbitos da freguesia da Sé da Bahia registra a sua morte.[19]

Manuel Ribeiro Rocha era, pois, um lisboeta, criado supostamente por um pai viúvo – não há uma única referência à sua

---

17. Nesta edição, p.52.

18. Rocha, *Socorro dos fiéis aos clamores das almas santas*, p.407-8.

19. Alves, A escravidão e a campanha abolicionista, *Anais do Arquivo do Estado da Bahia*, p.223, 1982.

18 *Etíope resgatado, empenhado, sustentado, corrigido, instruído e libertado*

linhagem materna – em Salvador e educado no Colégio dos Jesuítas da Bahia. Ordenara-se padre secular em 1720, pouco depois de solicitada a sua *diligência de genere* pelo arcebispo da Bahia, Sebastião Monteiro da Vide – pelo que se sabe, Rocha, embora mantivesse relações com jesuítas e franciscanos, nunca se vinculou a nenhuma ordem. Em 1728, o jovem padre embarcou para Portugal e, até 1732, cuidou de formar-se em Cânones na Universidade de Coimbra, usufruindo de sucessivos benefícios dados pela Coroa para estudantes do Ultramar que se comprometessem a, depois de formados, retornar para suas terras de origem e lá exercer os seus misteres. E assim procedeu Rocha: formou-se, retornou a Salvador e aí parece, ao que tudo indica, ter levado uma vida bastante ativa profissional e culturalmente, ao menos até o final dos anos 50 do Setecentos, quando vieram a público seus livros.

As três obras de uma vida

Rocha, como mencionado, publicou três livros em 1758, os três em Lisboa, pela Oficina Patriarcal Francisco Luiz Ameno. Na introdução do último deles, é o próprio padre lisbonense quem explica:

> No primeiro que escrevi [*Nova prática dos oratórios particulares*], implorei a [proteção] do puríssimo e santíssimo senhor São José vosso putativo pai. No segundo [*Etíope resgatado*], a da puríssima e santíssima Virgem Maria vossa verdadeira mãe. Agora, neste terceiro [*Socorro dos fiéis*], profundamente humilhado, de todo coração, suplico e imploro também a vossa, desejoso de viver e morrer no seguro amparo de Jesus, Maria, José.[20]

De tão pias obras poucas notícias legaram os contemporâneos. Impressos em Portugal, um mercado livreiro pequeno e pobre, cada um dos livros de Rocha não deve ter tirado mais do

---

20. Rocha, *Socorro dos fiéis aos clamores das almas santas*.

Apresentação   19

que duas ou três centenas de cópias, as quais – supõe-se – vieram parar em sua maioria nas cidades e engenhos do Brasil. As únicas impressões coetâneas sobre os seus escritos – os traços de sua recepção, como diríamos atualmente – encontram-se nas notas de aprovação, pareceres e licenças, redigidas por qualificadores do Santo Ofício, superiores de ordens religiosas e funcionários reais, ou nas homenagens deixadas por colaboradores, companheiros de clero e colegas da Academia dos Esquecidos, todos escritos curtos, constantes nas aberturas das obras – como era habitual no período. A obra inicial, aquela dedicada a São José, traz poucos comentários; no mais extenso e detalhado deles, uma *Aprovação do ordinário*, assinada pelo frei José da Madre de Deus, do convento lisbonense de Nossa Senhora de Jesus, lê-se:

> Cumpri com o preceito de Vossa Excelência, lendo o livro intitulado: *Nova prática dos oratórios particulares*, composto pelo M. R. P. Manuel Ribeiro da [*sic*] Rocha, e confesso que me causou particular gosto, não só pelo sucinto, perspícuo e claro estilo com que está escrito, mas também pelas doutrinas de que está cheio, e documentos santos que nele se acham, fundados todos nos preceitos e conselhos evangélicos nos ditames dos SS.PP. [Santos Papas] e sagrados expositores, sem ter coisa alguma oposta a nossa santa fé e pureza dos bons costumes; pelo que julgo ser muito digno de se fazer público por meio da estampa.[21]

O último livro, consagrado diretamente a Jesus, é mais rico no quesito que aqui interessa: as impressões despertadas nos contemporâneos pela obra de Ribeiro Rocha. O padre José da Costa de Carvalho, por exemplo, em décimas dedicadas ao autor, elogia a agudeza do padre no trato das questões relacionadas ao direito e à teologia. Um pouco mais adiante, o qualificador do Santo Ofício, Alberto de São José, um religioso pertencente à Ordem de Nossa Senhora do Carmo, é um pouco mais pródigo nos seus comentários e apresenta ao leitor – antes de concluir, destacando

---

21. Rocha, *Nova prática dos oratórios particulares; e da vida cristã*.

20 *Etíope resgatado, empenhado, sustentado, corrigido, instruído e libertado*

a pureza da doutrina exposta por Rocha – um breve resumo da obra e de seus objetivos pios:

> Não consideram os fiéis vivos quanto padecem os mortos fiéis, que não satisfazendo à divina justiça pelas culpas que cometeram nesta mortal vida, se estão purificando nas atrozes penas do Purgatório. Esta falta de consideração é o motivo do tal esquecimento de procurarem o alívio das benditas almas: clamam estas pedindo socorro, dando aos vivos o suave nome de amigos: mas as suas altas vozes não são ouvidas, nem fazem abalo nos corações para a comiseração. Para mover esta, pretende o R. P. Manuel Ribeiro Rocha pôr diante dos olhos neste seu douto livro, intitulado *Socorro dos fiéis aos clamores das almas santas*, as justificadas razões que têm os vivos para se lembrarem dos mortos.[22]

Outro qualificador do Santo Ofício, frei Lourenço de Santa Rosa, um franciscano baseado em Lisboa, vai mais além no que tange a tais objetivos pios da obra, destacando suas potencialidades pedagógicas e o grande papel que desempenharia, dos dois lados do Atlântico, na propagação das virtudes cristãs:

> Penetra o sol a profundidade dos abismos, para neles formar o ouro, e os diamantes; penetra o autor os corações humanos para tirarem do Purgatório as benditas almas. E com a eficácia da sua persuasão introduz neles o ouro puro da caridade, e os diamantes das mais sólidas virtudes. Desta sorte se vêm retratadas nesse sol racional as propriedades do sol visível; porém não só as retrata ao vivo, mas com excesso; porque a luz do sol não se dilata mais, que por um hemisfério, e a do autor por dois; assistindo no da América, também alumia ao da Europa; quando reside além da linha, resplandece nesta corte de Lisboa, e dela por meio da impressão em todo o mundo.[23]

Uns poucos comentários contidos nessa derradeira obra escrita por Rocha, no entanto, são comparativos, isto é, relacionam

---

22. Rocha, *Socorro dos fiéis aos clamores das almas santas*.
23. Ibidem.

Socorro dos fiéis com a obra precedente, *Etíope resgatado*, que parece ter despertado um especial interesse dos leitores, ao menos daqueles encarregados de avaliar seus livros ou homenagear suas virtudes de autor sábio e sumamente cristão. As primeiras comparações aparecem numas décimas oferecidas a Rocha pelo padre beneficiado na Sé da Bahia, Francisco Gomes do Rego:

Já noutro livro ditaste
Hum resgate de cativos:
Neste por justos motivos,
Outro agora ordenaste.
De remir vivos trataste
No primeiro: este segundo,
Com destino mais profundo,
Ensina em douto socorro
A remir (se bem discorro)
Os mortos no outro mundo.

Os livros com igualdade,
Bem vejo que desta sorte
Hum em vida, outro por morte,
Ambos prestam liberdade.
Mas a este na verdade
Faz mais pio, e meritório,
Ser, com excesso notório,
Mais que os vivos libertar,
Os defuntos resgatar
Das penas do Purgatório.[24]

Rego, como se vê, tinha o *Etíope resgatado* em alta conta, uma obra, como salienta, interessada *em remir os vivos, em remir os cativos*. Importância redobrada, no entanto, dava ao *Socorro dos fiéis*, obra *mais pia e meritória* que a anterior, pois era interessada em resgatar, por meio de orações, os *defuntos das penas do Purgatório*.

---

24. Ibidem.

O padre soteropolitano, porém, não foi o único a comparar as duas obras. Depois das suas e de outras tantas décimas laudatórias, o doutor Theodoro Franco, membro da Congregação do Oratório de Lisboa, escreveu na sua *aprovação* do livro:

> Já Vossa Majestade foi servido de que eu tivesse a honra de ser revisor de outra obra do autor desta, e se naquela louvei a piedosa retidão, com que o padre Manuel Ribeiro Rocha, bacharel formado pela Universidade de Coimbra, defendia a liberdade dos índios no seu *Etíope resgatado*, fundando-se doutilissimamente nas razões jurídicas e teológicas que, com erudição sagrada e copiosa, propõe a todos; nesta obra, que intitula *Socorro dos fiéis aos clamores das almas santas*, vejo que, sendo patrício de Portugal e domiciliário da América, nos manda de lá um tesouro em que, sobre a riqueza de tantas doutrinas escolásticas e ascéticas, nos faz patente o ouro finíssimo da sua ardente caridade para com as almas do Purgatório que, agradecidas ao socorro presente, lhe hão de remunerar o zelo e desvelo com que procura por este modo o seu alívio.[25]

Franco, ainda que tenha se enganado acerca daqueles a quem o padre Rocha queria libertar na sua segunda obra, os etíopes, e não os índios, como afirma, dá uma pista interessante sobre o modo como as obras do padre eram recebidas no seu tempo, ao menos pelo diminuto grupo de religiosos e censores que haviam passado os olhos pela sua pequena produção escrita. Acerca das duas últimas, Franco é taxativo em salientar que ambas estão fundadas nas mais *santas doutrinas escolásticas e ascéticas* e nas mais sólidas *doutrinas jurídicas e teológicas*, em suma, o censor viu nos dois livros do padre instalado na Bahia o estrito respeito pela tradição jurídica e religiosa. É certo que Franco confundiu etíopes com indígenas, o que indica uma leitura não muito atenta das obras, o suficiente aos seus olhos, todavia, para atestar a idoneidade das ideias de Rocha.

---

25. Ibidem.

Mas passemos ao próprio *Etíope resgatado*. Ao contrário do missionário Walsh, os coetâneos – aqueles poucos que registraram a sua opinião sobre o livro – não viram nele indícios de uma obra transgressora, que trazia os germes do abolicionismo. Ouçamos, de saída, frei Alberto de São José, um lisbonense, qualificador do Santo Ofício, que parece ter procedido a uma leitura acurada do escrito de Rocha:

> Esta obra intitulada *Etíope resgatado, empenhado, sustentado, corrigido, instruído e libertado*, autor o reverendo padre Manuel Ribeiro Rocha, crédito de Lisboa, assistente na Bahia, advogado e bacharel formado na nossa Atenas Conimbricense, põe aos olhos do mundo patente a vasta notícia que tem tanto no direito canônico como no civil. E não contente com a jurisprudência, de que é sumamente dotado, em que estabelece as doutrinas que elegantemente este seu erudito discurso pondera, entra como se fosse professor de teologia e das sagradas letras, a confirmar as razões em que se estriba. Sempre me causou dúvida o cativeiro dos etíopes, pois, sendo a liberdade joia de inestimável preço, não descobria justo título para que gemessem debaixo de um perpétuo jugo. Porém, desterrada a minha ignorância com a clara luz deste laborioso e sábio discurso, ficarão os possuidores desses escravos em boa-fé, consciência tranquila e justo título para a sua retenção. A utilidade desta obra, sendo com especialidade dirigida aos que têm semelhantes contratos, para todos pode ser universal, pois dela se pode tirar a emenda dos vícios e reforma dos costumes. E como não contém coisa contra a nossa santa fé ou bons costumes, a julgo digna da licença que seu eruditíssimo autor pede a Vossas Ilustríssimas, para a eternizar na memória das gentes por meio do prelo.[26]

Frei Alberto, como se pode notar, para além de repetir um lugar-comum da época a respeito daquele que escreve – destacar a erudição, no caso de Rocha, a erudição jurídica e, também, a teológica – e emitir um parecer padrão acerca da correção moral e religiosa da obra que avaliava – "não contém coisa contra a

---

26. Nesta edição, p.57.

nossa santa fé ou bons costumes" –, vai mais longe e dá um verdadeiro testemunho sobre o impacto que a obra tivera sobre ele próprio, que não acreditava, antes da leitura das *doutas* palavras de Rocha, na possibilidade de um cristão possuir legitimamente seus escravos, mas que, depois de tomar conhecimento das explicações do padre lisbonense assistente na Bahia, percebeu que era possível possuir escravos "em boa-fé, consciência tranquila e justo título para a sua retenção".

Mais adiante, ainda em meio às licenças, um outro religioso, Paulo Amaro, da Companhia de Jesus, seguindo um raciocínio muito próximo ao de frei Alberto, acrescenta:

> Vi com incrível gosto meu este pequeno livro, mas grande obra, que o reverendo doutor padre Manuel Ribeiro Rocha, advogado na Cidade da Bahia, quer dar ao prelo, e provera a Deus a pudesse imprimir como deseja e pretende o seu santo zelo imprimir nos corações de alguns que se empregam no comércio dos negros, pelo modo com que o praticam, tão prejudicial a suas almas, que é necessária uma ignorância, qual não considero possível para os livrar de condenação eterna; e não menos nos senhores que os compram e os tratam, principalmente na América, como se não fossem almas remidas com o sangue de Jesus Cristo, tanto como as suas. Trata o autor a matéria com tal clareza que, mostrando a injustiça que se faz àquela miserável gente, aponta o meio com que, sem cessar o comércio, se pode justificar e purificar de tantas injustiças que nele se cometem; e em tudo discorre como grande mestre, fundando-se solidissimamente nas regras do direito canônico, civil, municipal; e o que mais me admira é que, na teologia, fala como o mais douto professor, e na inteligência das Escrituras e Santos Padres, como se toda a vida se empregara nestes estudos. Não falo na sua vastíssima erudição em toda a matéria com que exorna toda esta obra. Pelo que julgo que não só se deve imprimir, mas, se fosse possível, se devia imprimir com letras de ouro e publicarem-se por lei inviolável todas as suas decisões; porque só assim se evitariam tantas injustiças que, sem dúvida, se cometem contra estes miseráveis e tão pouco atendidos escravos, e a ruína de tantas almas, que por essa causa se condenam, no que

Apresentação   **25**

se mostra o autor fervorosíssimo missionário, para em tudo ser consumado, exortando a todos a piedade cristã que devem usar com os miseráveis escravos. Por todos estes títulos, julgo a obra digníssima do prelo; porque não só nada tem que ofenda os bons costumes, mas antes toda se emprega em tirar pecados e os da injustiça, que são tão perniciosos e de tantas consequências. Este o meu parecer. Vossa Excelência mandará o que for servido.[27]

O jesuíta, bem ao gosto do seu tempo, repete os lugares-comuns citados por seu antecessor, salientando a erudição de Ribeiro Rocha, os seus vastos conhecimentos jurídicos e teológicos – "a sua vastíssima erudição em toda a matéria com que exorna toda esta obra" –, e elogiando a correção moral do seu escrito, que merecia "imprimir com letras de ouro e publicarem-se por lei inviolável todas as suas decisões". Amaro, porém, é ainda mais enfático do que frei Alberto quando se trata de destacar como a obra mostra a injustiça do cativeiro de negros tal como era praticado – sem levar em consideração as condições de captura e venda do cativo no continente africano – e de apresentar uma solução cristã para um problema que lançava um sem-número de almas em pecado. Dito em outras palavras, Rocha mostra de maneira clara como era possível ser um *senhor de escravos cristão*, isto é, um senhor de escravos que não pusesse a perder a própria alma e não cometesse injustiças contra os negros *miseráveis*.

Tanto frei Alberto quanto Paulo Amaro, ao que parece, não encontraram nos argumentos de Ribeiro Rocha nada que os levasse a pensar que o padre lisbonense condenasse a instituição da escravidão, jurídica ou teologicamente. Aos olhos desses leitores – alguns não muito atentos, como vimos –, o *Etíope resgatado* não era uma obra dedicada ao combate do cativeiro de negros, mas, sim, um instrutivo manual destinado a regular cristãmente a escravidão, evitando que os negros padecessem em vida e que os seus senhores se perdessem depois da morte. Ribeiro Rocha seria, pois, aos olhos desses leitores, desses poucos de que temos

---

27. Nesta edição, p.58.

26 *Etíope resgatado, empenhado, sustentado, corrigido, instruído e libertado*

notícias, um intérprete respeitoso e criativo da tradição católica e não um precursor do abolicionismo.

Um homem do seu tempo – como não poderia deixar de ser

A propósito das tradições católica e jurídica constantes nas páginas do *Etíope resgatado*, que tão positivamente impressionaram os avaliadores do Santo Ofício, Ribeiro Rocha recorreu, no intuito de dar legitimidade à sua argumentação – cristã –, a cerca de sessenta autores, todos nomes consolidados no seu tempo e amplamente aceitos nos meios católicos e nos meios jurídicos conimbricenses, nos quais, como pudemos acompanhar, o padre lisbonense obtivera seu diploma. O repertório de citações de Rocha conta, por exemplo, com algumas passagens bíblicas, mas não muitas, ilustrando um conjunto bastante circunscrito de raciocínios; são cerca de setenta fragmentos, divididos quase homogeneamente entre o Velho e o Novo Testamento. A maior parte deles tem uma função bastante pragmática: apresentar como os judeus procediam com os seus servos, de modo a indicar a conduta biblicamente tolerável de um senhor em relação ao seu escravo e de um escravo em relação ao seu senhor. Os *ensinamentos* que Rocha extrai da conduta hebraica vão desde prescrições relativas à alimentação e à vestimenta que eram dadas aos servos até os cuidados que tinham os senhores hebreus com o funeral e o encaminhamento das almas daqueles que os serviam, passando, naturalmente, pela medida ideal do castigo que impingiam àqueles que transgrediam as leis. É na Bíblia, igualmente, no mundo dos hebreus do Velho Testamento, que Ribeiro Rocha busca argumentos para estabelecer um tempo plausível para a escravidão. Reiteradas vezes o padre recorre ao livro do Deuteronômio com o intuito de encontrar respaldo bíblico para um de seus principais argumentos: o escravo deveria servir ao seu senhor por um tempo limitado e não para a vida toda – o tal resgate do etíope –, como ensina o livro bíblico:

> Quando um irmão hebreu, homem ou mulher, se tiver vendido, ele te servirá seis anos, mas no sétimo tu o despedirás livre de tua casa. Ao despedi-lo livre de tua casa, não o despaches de mãos vazias; senão que dos seus gados, da sua eira ou celeiro e do seu lagar, repartiria com ele e lhe daria viático. (Deuteronômio 15:12, 13)

Os santos doutores da Igreja também marcam presença na argumentação de Rocha; são citações de Gregório Magno, Gregório Nazianzeno, Ambrósio, Jerônimo, Antonino, Crisóstomo, Isidoro de Peluso e, sobretudo, Agostinho (citado sete vezes) e Tomás de Aquino (com seis aparições). De Agostinho, são citadas pequenas notas, amparando, especialmente, o argumento de que era dever do senhor ensinar aos seus escravos os preceitos da santa fé católica; de Tomás de Aquino, Rocha extrai argumentos para convencer os senhores a não praguejar contra os escravos. A bem da verdade, a patrística e as autoridades teológicas marcam presença no livro de Ribeiro Rocha ou para ilustrar situações pontuais, ou para ostentar erudição – recurso imprescindível num mundo em que a repetição dos escritos consagrados pela tradição católica é prova de compromisso com a verdade.

Rocha, ao que tudo indica, sustentou de fato o seu arcabouço argumentativo não na Bíblia ou na patrística, mas num grupo de autores e obras bastante circunscrito[28] e compartilhado pelos homens de cultura do seu tempo, obras de natureza teológico-jurídica, como então se dizia. Daí, inclusive, a coincidência entre os autores, obras e fragmentos selecionados por Rocha para compor o livro e aqueles que, cerca de meio século antes, em 1705, utilizara o jesuíta Jorge Benci em seu *Economia cristã dos senhores no governo dos escravos*. Desse grupo seleto e recorrente de autores,

---

28. Uma perspectiva geral dos autores citados por Rocha pode ser encontrada em "Bibliografia das obras citadas por Manuel Ribeiro Rocha", que encerra esta edição.

28 *Etíope resgatado, empenhado, sustentado, corrigido, instruído e libertado*

destaca-se, sem dúvida, Luís de Molina (1535-1600), com seu *Tractatus de justitia et de jure* (1593-1609), nomeadamente as *disputationes* 32 a 40, do livro II, dedicadas aos problemas suscitados pela escravatura dos negros. Nesse livro, o jurista espanhol e ex-lente de Coimbra propõe um modo cristão de regular a escravidão negra, uma maneira que amenizasse o pecado de manter brutalmente milhões de seres humanos privados da liberdade, mas que não colocasse em questão uma instituição útil e consolidada entre os ocidentais, a escravidão – a tal *posse em boa-fé*.

Outro que colabora sobremodo para a construção do pensamento de Rocha é o jesuíta e professor da Universidade de Évora Fernando Rebello (1546-1608), autor do *De obligationibus justitiae, religionis et charitatis* (1608). É daí que o padre extrai uma parte substantiva dos argumentos que utiliza para advogar um modo seguro, reto e cristão de se possuir cativos. Rebello, por vezes ao lado de Luís de Molina e do jesuíta Juan Azor (1535-1603), serve a Rocha para avaliar as maneiras utilizadas pelos cristãos para obterem cativos – *a legalidade da posse*. O lente de Évora, no entanto, ocupa um papel realmente de destaque mais adiante. É dele o mote em torno do qual gira a segunda parte da obra: a extinção da escravidão é o único meio de realmente pôr termo às iniquidades cometidas na obtenção e no comércio dos cativos tal qual vinha sendo praticada pelos cristãos. Rocha não discorda de Rebello, todavia, pondera:

> Mas porque este meio, posto que tão infalível para o intento, prejudicava a subsistência e continuação do comércio, aliás útil e necessário ao Reino, dificultosa se faz a sua introdução. Mais suave parece o modo hábil, que agora temos de apontar; pois, sem destruição do comércio, pode evitar todos aqueles detrimentos, sendo como uma via média, que em toda a matéria árdua se deve eleger a favor de ambas as partes [...].[29]

---

29. Nesta edição, p.90.

Essa *via média*, que vem de Molina e se distancia ligeiramente de Rebello, é, como o leitor poderá acompanhar, o eixo do raciocínio de Rocha. É esse o seu caminho principal, pavimentado, pedra a pedra, com argumentos retirados das obras de Azor, Guerreiro Aboim, Gratiani, Navarro, Manuel Gonçalves da Sylva, Pegas, Reinoso, Agostinho Barbosa, Francisco Cyriaci, Benedito Lusitano, Du-Hamel, Álvaro Vaz e tantos outros. É a exaustiva recorrência a tais autores que orienta suas concepções sobre o tratamento cristão a ser dispensado ao cativo – a medida certa do *pão e pano* –, as longas considerações que traça sobre seu comércio – não somente sobre sua aquisição, mas também sobre o sem--número de pequenas relações que se estabelecem entre senhores e escravos ao longo do caminho que vai da captura no continente africano ao seu resgate final (depois de vinte anos de trabalho) – e, sobretudo, a pormenorizada avaliação dos modos corriqueiros e legítimos (ponderados e cristãos) de punir o escravo. Auxiliam ainda Rocha, na tal pavimentação da sua *via média*, as *Constituições primeiras do arcebispado da Bahia*, as *Ordenações Filipinas* e, ainda, o *Corpus Juris Civilis* e o *Corpus Juris Canonici*.

Eis as linhas gerais do seu repertório intelectual, um repertório que poderia ser encontrado, com mais ou menos variações, em parte significativa daqueles autores que, ao longo dos séculos XVII e XVIII, se puseram a pensar sobre a escravidão praticada nas Américas. Ao restringirmos o grupo àquele diminuto rol de autores que se debruçaram sobre o problema na colônia portuguesa dos trópicos – o maior consumidor de escravos negros do Novo Mundo –, uns três ou quatro somente, as coincidências mostram-se enormes: são os mesmos autores, as mesmas obras e, não raro, as mesmas passagens. Em um dístico: Ribeiro Rocha é um homem de seu tempo, e sua obra, algo que não soava absurdo – estranho ao campo dos possíveis daquele século – ou radical aos homens do mundo lusitano setecentista.

Edições e reedições

O *Etíope resgatado* veio a público em 1758, lançado pela Oficina Patriarcal de Francisco Luiz Ameno, um conhecido impressor da época, então instalado na rua do Jasmim, em Lisboa. É de supor, como referimos, que sua tiragem tenha sido modesta, em torno de três centenas de livros. Há de se levar em conta que, naquele mesmo 1758, Rocha publicou mais duas obras pela mesma casa editorial, provavelmente com dispêndio de dinheiro seu,[30] o que deve ter limitado ainda mais a tiragem do *Etíope resgatado*. Outra edição da obra viria a público somente cerca de dois séculos e meio depois, em 1991, sob os cuidados da historiadora Silvia Hunold Lara, que acrescentou ao texto uma introdução crítica. Meses mais tarde, o teólogo Paulo Suess publicou uma terceira edição, também precedida de uma introdução crítica, mas acrescida da tradução – pouco clara, por vezes – de diversas passagens da obra originalmente em latim.

Na presente edição, baseada naquela de 1758, atualizamos a ortografia e promovemos alterações na pontuação estabelecida por Rocha, de modo a facilitar para o leitor contemporâneo a leitura e a compreensão da obra. Promovemos, também, com o mesmo propósito, a tradução integral das passagens em latim – cerca de um terço do livro –, cujas versões originais, aqui suprimidas, podem ser consultadas nas inúmeras cópias da primeira edição disponíveis na Internet, e a identificação de todas as obras citadas por Rocha, convertendo as citações abreviadas utilizadas pelo autor, comuns no seu tempo, para os padrões atuais e indicando, sempre que possível, uma edição acessível dos livros mencionados.

* * *

É imprescindível, antes de finalizar esta introdução, agradecer a uma série de pessoas e instituições que tornaram a presente pesquisa possível e um pouco menos árida. Em Portugal, tivemos

---

30. Acerca das dificuldades econômicas enfrentadas pelos impressores lisbonenses de meados do século XVIII, ver: Curto, *Cultura escrita*.

Apresentação   31

o auxílio da historiadora Ângela Maria Vieira Domingues e do diretor do Arquivo da Universidade de Coimbra, o doutor José Pedro Matos Paiva, a quem devemos as preciosas notícias sobre a passagem de Ribeiro Rocha pela universidade. Em Salvador, local que Rocha escolheu para viver, contamos com a solicitude dos historiadores João José Reis, frei Hugo Fragoso e Urano Andrade, sem os quais a passagem de Rocha pela Bahia teria se resumido a uma ou duas linhas. A essa pequena lista, devemos incluir também Alexandre P. Hasegawa, que traduziu parte substantiva das complicadas e, por vezes, imprecisas passagens em latim; aos historiadores Arno Wehling e Diogo Ramada Curto, que teceram valiosas considerações sobre a presente edição; aos funcionários da Biblioteca Nacional e da Biblioteca do Supremo Tribunal Federal que gentilmente digitalizaram e nos cederam cópias de algumas das obras em língua latina que consultamos; ao Centro de Documentação e Apoio à Pesquisa Histórica (Cedaph), da Unesp de Franca, pelos muitos serviços; e a Susani Silveira Lemos França, que pacientemente leu os originais. Por fim, gostaríamos ainda de agradecer ao CNPq e, sobretudo, à Fapesp, cujo apoio ao grupo temático Escritos Sobre os Novos Mundos permitiu o levantamento, localização e aquisição do *corpus* documental que amparou esta pesquisa.

Jean Marcel Carvalho França
Ricardo Alexandre Ferreira

Obras de Manuel Ribeiro Rocha

ROCHA, Manuel Ribeiro. *Etíope resgatado, sustentado, corrigido, instruído e libertado*. Lisboa: Oficina Patriarcal de Francisco Luiz Ameno, 1758.

_____. *Nova prática dos oratórios particulares; e da vida cristã*. Lisboa: Oficina Patriarcal de Francisco Luiz Ameno, 1758.

_____. *Socorro dos fiéis aos clamores das almas santas*. Lisboa: Oficina Patriarcal de Francisco Luiz Ameno, 1758.

Bibliografia

ALENCASTRO, Luiz Felipe de. *O trato dos viventes*: formação do Brasil no Atlântico Sul, séculos XVI e XVII. São Paulo: Companhia das Letras, 2000.

ALVES, Marieta. A escravidão e a campanha abolicionista. *Anais do Arquivo do Estado da Bahia*, v.45, 1982.

AZEVEDO, Célia Maria Marinho de. *Onda negra, medo branco*: o negro no imaginário das elites século XIX. 2.ed. São Paulo: Annablume, 2004.

_____. *Abolicionismo*: Estados Unidos e Brasil, uma história comparada (século XIX). São Paulo: Annablume, 2003.

BENCI, Jorge. *Economia cristã dos senhores no governo dos escravos*. Preparada, prefaciada e anotada por Serafim Leite. Porto: Livraria Apostolado da Imprensa, 1954.

BETHELL, Leslie. *A abolição do comércio brasileiro de escravos*. Brasília: Senado Federal, Conselho Editorial, 2002.

BLACKBURN, Robin. *A queda do escravismo colonial*: 1776-1848. Rio de Janeiro: Record, 2002.

BOXER, Charles. *O império marítimo português 1415-1825*. São Paulo: Companhia das Letras, 2002.

_____. *Relações raciais no império colonial português 1415-1825*. Rio de Janeiro: Tempo Brasileiro, 1967.

_____. *Some Literary Sources for the History of Brazilian in the Eighteenth Century*. Oxford: Clarendon Press, 1967.

CARVALHO, José Murilo de. *Pontos e bordados*: escritos de história e política. Belo Horizonte: Editora da UFMG, 1998.

CASTELLO, José Aderaldo. *O movimento academicista no Brasil 1641-1820/22*. v.I, t.I. São Paulo: Conselho Estadual de Cultura; Imprensa Oficial do Estado, 1969.

COSTA, Emília Viotti da. *Da senzala à colônia*. 3.ed. São Paulo: Editora Unesp, 1998.

CRISTÓVÃO, Fernando. Abolição da escravatura e a obra precursora de Manuel Ribeiro Rocha. In: *Diálogos da casa e do sobrado*: ensaios luso-brasileiros e outros. Lisboa: Edições Cosmos, 1994.

CURTO, Diogo Ramada. *Cultura escrita*: séculos XV a XVIII. Lisboa: Imprensa de Ciências Sociais, 2007.

DAVIS, David Brion. *O problema da escravidão na cultura ocidental*. Rio de Janeiro: Civilização Brasileira, 2001.

FRAGOSO, Fr. Hugo, OFM. Na Bahia setecentista, um pioneiro do abolicionismo? *Revista História (São Paulo)*, São Paulo, v.31, n.2, p.68-105, 2012.

LARA, Silvia Hunold Lara. *Fragmentos setecentistas*: escravidão cultura e poder na América portuguesa. São Paulo: Companhia das Letras, 2007.

_____. Dilemas de um letrado setecentista. In: ROCHA, Manuel Ribeiro. *Etíope resgatado, empenhado, sustentado, corrigido, instruído e libertado*. Campinas: IFCH – Unicamp, 1991. p.5-25.

MACHADO, Diogo Barbosa. *Bibliotheca lusitana: histórica, crítica e cronológica*. t.IV. Lisboa: Oficina Patriarcal de Francisco Luiz Ameno, 1759.

MARQUES, João Pedro. *Os sons do silêncio*: o Portugal de Oitocentos e a abolição do tráfico de escravos. Lisboa: Instituto de Ciências Sociais da Universidade de Lisboa, 1999.

MARQUESE, Rafael de Bivar. *Feitores do corpo, missionários da mente*: senhores, letrados e o controle dos escravos nas Américas (1660-1860). São Paulo: Companhia das Letras, 2004.

MARTINS, Wilson. *História da inteligência brasileira*. v.I. 5.ed. São Paulo: T. A. Queiroz, 1992.

RUSSEL-WOOD, A. J. R. *Escravos e libertos no Brasil colonial*. Rio de Janeiro: Civilização Brasileira, 2005.

_____. *Fidalgos e filantropos*: a Santa Casa de Misericórdia da Bahia, 1550-1755. Brasília: Editora da Universidade de Brasília, 1981.

SAYERS, Raymond S. *O negro na literatura brasileira*. Rio de Janeiro: O Cruzeiro, 1956.

SCHWARTZ, Stuart B. *Segredos internos*: engenhos e escravos na sociedade colonial 1550-1835. São Paulo: Companhia das Letras, 1988.

SODRÉ, Nelson Werneck. *História da imprensa no Brasil*. Rio de Janeiro: Civilização Brasileira, 1966.

SUESS, Paulo. Introdução crítica. In: ROCHA, Manuel Ribeiro. *Etíope resgatado, empenhado, sustentado, corrigido, instruído e libertado*: discurso sobre a libertação dos escravos no Brasil de 1758. p.VII-LIII.

VAINFAS, Ronaldo. *Ideologia e escravidão*: os letrados e a sociedade escravista no Brasil colonial. Petrópolis: Vozes, 1986.

34 *Etíope resgatado, empenhado, sustentado, corrigido, instruído e libertado*

VARNHAGEN, Francisco Adolfo de. *História geral do Brasil*. v.2, t.IV. 4.ed. São Paulo: Cia. Editora Nacional, 1948.

VIDE, Dom Sebastião Monteiro da (ordenado por). *Regimento do Auditório Eclesiástico do Arcebispado da Bahia*. São Paulo: Tipografia 2 de Dezembro, [1704] 1853.

WALSH, Robert. *Notices of Brazil in 1828 and 1829*. 2v. London: Frederick Westley and A. H. Davis, 1830.

ETHIOPE RESGATADO,
EMPENHADO, SUSTENTADO,
Corregido, inftruido, e libertado.
DISCURSO
THEOLOGICO-JURIDICO,
EM QUE SE PROPOEM O MODO
de comerciar, haver, e poſſuir validamente, quanto
a hum, e outro foro, os Pretos cativos Africanos,
e as principaes obrigações, que correm a quem
delles fe fervir.

CONSAGRADO
A'
SANTISSIMA VIRGEM
MARIA
NOSSA SENHORA.
Pelo Padre
MANOEL RIBEIRO ROCHA,
Lisbonenſe, Domiciliario da Cidade da Bahia; e nella Advogado, e Bacharel formado na Univerſidade de Coimbra.

LISBOA:
Na Officina Patriarcal de Francifco Luiz Ameno

M. DCC. LVIII.
Com todas as licenças neceſſarias.

ETÍOPE RESGATADO, EMPENHADO, SUSTENTADO, CORRIGIDO, INSTRUÍDO E LIBERTADO

Discurso teológico-jurídico, em que se propõe o modo de comerciar, haver e possuir validamente, quanto a um e outro foro, os pretos cativos africanos, e as principais obrigações que correm a quem deles se servir.

Consagrado à
Santíssima Virgem Maria Nossa Senhora

Pelo padre
MANUEL RIBEIRO ROCHA,

Lisbonense, domiciliário da cidade da Bahia e nela advogado e bacharel, formado pela Universidade de Coimbra

Oração consecratória à Santíssima Virgem Maria Nossa Senhora

Profundamente humilhado na vossa soberana presença, oh Santíssima Virgem Mãe de Deus, rainha dos céus e terra, ponho a vossos pés este discurso que, sem talento e quase já sem alento, escrevi, persuadido de que possa ser grato e proveitoso a alguns, ainda que não seja bem-visto e bem recebido de todos.

Se nele se divisa alguma luz de ciência e algum fervor de caridade, vós, Senhora, a comunicastes e o influístes; porque vós sois o Sol em quem depositou Deus todos os resplendores da sabedoria, para ilustrar nossos entendimentos e todos os ardores da caridade, para inflamar nossas vontades, como disse o vosso servo e devoto Ricardo de São Lourenço;[1] e por isso vosso é, e a vós o consagro, não tanto por modo de oferta, quanto por via de restituição.

Bem reconheço o quanto das minhas mãos sai impuro e indigno das vossas aras; mas, qual pobrezinho regato, que turvo com as infecções terrestres, ainda assim busca e se restitui ao

---

1. Sancto Laurentio, *De laudibus Mariae*, livro 2. [Também atribuído a Albertus Magnus.]

mar donde manou, para outra vez fluir com nova pureza e atividade,[2] assim se encaminha e dirige a vós, que sois o mar,[3] isto é, a congregação de todas as perfeições, de todas as excelências e de todos os dotes da graça e da natureza,[4] para que, voltando purificado com o perdão de seus defeitos, possa, com a nova atividade das influências do vosso soberano patrocínio, obrar nos corações de quem ler aqueles efeitos que se não podem esperar somente da pequena indústria de seu autor.

Fazei, pois, clementíssima Senhora, que, no uso e possessão dos miseráveis cativos, nos conformemos com os ditames da justiça, que nele se expendem suavizados (quanto foi possível e adaptável) com as modificações da prudência e equidade. E que em todas as mais ocorrências tomemos sempre pelas vias médias, que são as vossas veredas,[5] e por elas os encaminhai, em vida, à participação das riquezas do vosso amparo[6] e, na morte, à fruição da vida e felicidade eterna.[7] Amém.

Indigno escravo vosso

Manuel

---

2. "Todos os rios correm para o mar, e o mar contudo não transborda; para o lugar de onde saíram voltam os rios, no seu percurso." Eclesiastes, 1:7.

3. Fr. Jos. à D. Bened, p.216, n.10. [Nota do autor]

4. "Ao solo firme Deus chamou *terra* e ao ajuntamento das águas, *mar*. E Deus viu que era bom." Gênesis, 1:10.

5. "Eu ando pelos caminhos da justiça, no meio das sendas do direito." Provérbios, 8:20.

6. "Para enriquecer os que me amam e encher os seus tesouros." Provérbios, 8:21.

7. "Quem me encontrar, encontrará a vida e gozará das delícias do Senhor." Provérbios, 8:35.

Argumento e razão da obra. A quem ler.

A maior infelicidade a que pode chegar a criatura racional neste mundo é a da escravidão, pois, com ela, lhe vêm adjuntas todas aquelas misérias e todos aqueles incômodos que são contrários e repugnantes à natureza e condição do homem; porque sendo este pouco menos que o anjo, pela escravidão tanto desce, que fica sendo pouco mais do que o bruto; sendo vivo, pela escravidão se julga morto; sendo livre, pela escravidão fica sujeito; e nascendo para dominar e possuir, pela escravidão fica possuído e dominado. Trabalha o escravo sem descanso, lida sem sossego e fatiga-se sem lucro, sendo o seu sustento o mais vil, o seu vestido o mais grosseiro e o seu repouso sobre alguma tábua dura, quando não é sobre a mesma terra fria.

No serviço, o quer seu senhor ligeiro como o cervo, robusto como o boi e sofrido como o jumento; para lhe ver os acenos, o quer lince, para lhe ouvir as vozes, o quer sátiro; e para lhe penetrar os pensamentos, o quer águia. Tudo isto e muito mais quer que seja o triste escravo, mas que, ao mesmo passo em que for tudo para ele, para si seja sempre nada; nada para o descanso, tudo para o trabalho; e do trabalho, nada para os misteres e uso próprio, tudo para os lucros e interesse alheio.

Ainda assim, que a tudo isto e a tanta miséria e aniquilação fique reduzido um gentio cativado em guerra pública, justa e verdadeira de um com outro príncipe, naquelas regiões onde, suposto por falta da luz da fé se não observe a lei evangélica, observa-se, contudo, o direito natural e o das gentes; ou que a todas fique sujeito outro gentio, que nas mesmas terras cometeu algum delito grave e proporcionado à pena da privação da liberdade; ou aquele a quem seu pai, por suma indigência e necessidade extrema, vendeu, na falta de outro remédio, para suster os alentos vitais que às violências da fome se estavam finalizando! Infelicidade é, e infelicidade grande; porém, é justa porque, em tais circunstâncias, justos são, por direito natural e das gentes, estes títulos para a escravidão se contrair e se haverem de sofrer todas as suas qualidades e seus abatimentos.

Porém, que fora destes justos títulos e circunstâncias legítimas, tenham tolerado as misérias, aflições, angústias e aniquilações da escravidão, há muito mais de dois séculos, milhares e milhares de pretos africanos, barbaramente cativados pelos seus próprios compatriotas, por furtos, por piratarias, por falsidades, por embustes e por outros semelhantes modos que a malícia daqueles infiéis, instigada do demônio, tem inventado e cada dia inventa nas suas incultas, rudes, bárbaras e inumanas regiões de Guiné, Cafraria e Etiópia, onde nem se observa o direito natural, nem o das gentes, e nem ao menos as leis da humanidade? Esta por certo ainda é maior e muito maior desgraça, porque sendo a servidão em si mesma a maior que pode sobrevir à humana criatura nesta vida, a mesma multidão e inumerabilidade de tantos pretos, que violentamente a têm sofrido, a constitui indizível, imensa e inexplicável.

E que sobre tudo isto, podendo os comerciantes católicos (sem prejuízo e diminuição desses mesmos lucros e interesses que atualmente tiram destas alheias desgraças) resgatar por comércio os ditos injustos e furtivos escravos, para que venham servir, não por *direito de propriedade*, senão somente por *direito de penhor*, enquanto não pagarem ou não compensarem em longos e diuturnos serviços o preço e lucros da sua redenção; e isto válida e licitamente, sem pecado, sem encargo e sem escrúpulo; seja tal a cegueira e alucinação da humana ambição, que hajam de comerciar neles por título de permutação e compra, com aquisição de domínio *em uma matéria em que este é inteiramente estranho*; aprovando aquelas barbaridades, dando-as por justas, por legítimas, por racionais e por humanas.

E nessa conformidade lhos comprem e os conduzam como se fossem verdadeiros e legítimos escravos e, depois, lhe venham vender a liberdade e o domínio, como se na verdade o houvessem adquirido neles, para que perpetuamente sirvam como tais; e sendo do sexo feminino se transfunda a mesma escravidão em todos os seus descendentes; e isto com pecados inumeráveis e inevitáveis encargos, escrúpulos e remorsos da consciência? Esta não somente é desgraça e fatalidade grande; e não somente é miséria maior que essa mesma maior miséria destes cativos, senão que é a infelicidade máxima e sobre todas, porque topa não menos que na condenação eterna de muitas almas cristãs.

Esta, pois, me meteu na mão a pena para a formatura do opúsculo presente; na primeira parte do qual mostro que se não podem comerciar, haver e possuir estes pretos africanos por título de permutação ou compra, com aquisição de domínio, sem pecado e gravíssimos encargos de consciência. Na segunda e terceira, concluo que muito bem se podem eles comerciar, haver e possuir validamente em um e outro foro, com os mesmos lucros e interesses que atualmente têm, por via e título de redenção, com aquisição somente de direito de penhor e retenção, para nos servirem como escravos até pagarem o seu valor, ou até que com diuturnos serviços o compensem; ficando depois disso (se viverem) totalmente desobrigados e restituídos à natural liberdade com que nasceram.

E porque a todas as pessoas que assim os possuírem pelo *direito de penhor*, sempre lhes correm, por servos e domésticos, as mesmas obrigações principais que, aliás, lhes correriam se os possuíssem pelo *direito de propriedade*, que são as do sustento, da correção e da instrução na doutrina e bons costumes; todas estas expendo na quarta, quinta e mais partes posteriores do mesmo opúsculo, ao qual, por isso, apliquei o título de *Etíope resgatado, empenhado, sustentado, corrigido, instruído e libertado*. Isto é, *resgatado* da escravidão injusta, a que barbaramente o reduziram os seus mesmos nacionais, como se diz na primeira parte. *Empenhado* no poder de seu possuidor, para o respeitar como senhor, lhe obedecer e o servir como escravo, enquanto lhe não pagar ou compensar com serviços o seu valor, como se diz na segunda e terceira parte. *Sustentado*, como se explica na quarta. *Corrigido*, como se expende na quinta. *Instruído* na doutrina, como se declara na sexta, e nos bons costumes, como se mostra na sétima. E, ultimamente, *libertado*, por algum dos quatro modos mencionados na oitava.

E este é o argumento e a razão da obra, da qual, porém, não peço ao leitor perdão, nem com ele entro em desculpas e satisfações, porque o mesmo estudo, que nesta matéria fiz para minha própria instrução, excitado de escrúpulos sobre a ilegitimidade das escravidões destes pretos, é o que agora, ou mais ou menos bem arrumado, aqui lhe comunico, por satisfazer com isso à obrigação que cada um tem de pôr a logro, em utilidade do próximo, o talento que Deus lhe deu, tal qual o recebeu.

E para descargo da conta, que do meu lhe houver de dar, não me é necessário conciliar a benévola aceitação de todos, nem também efetuar a utilidade de muitos; sobrado lucro será para a minha pouca indústria, que ao menos algum triste e melancólico timorato se agrade e se aproveite das doutrinas deste discurso, segurando a sua consciência nesta parte, pelo modo que nele lhe aponto.

Pois diz São João Crisóstomo que um só próximo que lucremos, desviando-o do caminho da perdição, é bastante a contrapesar pecados inumeráveis e servir no Juízo Final de preço e satisfação da nossa alma: *Muitas vezes, uma única alma que resgatamos pode reduzir o peso de pecados inumeráveis e vir a ser o preço da nossa alma no dia do Juízo Final.*

Valleat.

Ao reverendo senhor e mais sábio doutor
Emanuel Ribeiro Rocha,
que compôs doutissimamente
a mais perfeita obra sobre o resgate do etíope

EPIGRAMA

Para livrar os infelizes povos africanos dos grilhões,
 a venerável piedade de Maria forma três chefes.
A meditada redenção era uma tarefa de tal monta que a concórdia
 reclama a força dos três conjuntamente!
Porém, Manuel, agora não é pequena a glória para estudar,
 sozinho, a obra que três outrora fizeram.

OUTRO

As riquezas que outrora a Sabedoria te trouxe,
 que para ti são ainda prêmios dignos do fórum latino,
consideras em favor da liberdade dos etíopes; nem suportas
 por mais tempo ter se consumido sob infeliz jugo.
Isso o livro comprova, os livros e o empenho; a matéria,
 adequada a tua mente, também comprova isso.
Daí a recompensa: "o quê?", talvez perguntes.
 A liberdade será aquilo pelo que costuma ser vendido.

Pe. Manuel Xavier Sociedade de Jesus,
Lente de Sagrada Teologia

Ao mais venerável senhor, ao mais sábio doutor,
Emanuel Ribeiro Rocha,
que trabalhou doutissimamente
na mais bem composta obra sobre o resgate do etíope

EPIGRAMA

Os obscuros povos da Líbia, que a sorte forçou temível
    a obedecerem ao jugo injusto dos vícios,
Ribeiro redime com a condução da lei
    e o nobre caminho da liberdade lhes mostra.
E não só: às distintas regiões do globo as leis
    dos tribunais levando, em que vigora a arte,
resgata os incautos senhores, salvos da boca do abismo,
    instruindo-os a seguir o caminho de Poli.
Por que me admiro com o cajado do insigne Moisés,
    embora ele tenha conduzido os filhos de Isaac pela abertura
                    do mar?
Pelo oceano das leis com lápis que liberta o mundo todo avança,
    mais esplêndido e fecundo.

OUTRO

Enquanto Ribeiro considera tantos motivos em favor dos escravos,
    toda regra deixa de existir em favor dos votos a ele.;
enquanto a pena faz caminhar os textos, com um curso dominante,
    a página fiel, ressoando, não anuncia nada servil;
enquanto redime os corpos e defende os libertos,
    o herói capta todos e lança à mente brandos lanços.
Se não mostra o rio, embora ressoe, este Ribeiro elevou-se
    com águas saborosas, de todos os lados, até o Nilo.
Por certo, inflama-se no direito triplo; daí faz os três grandes
    volumes correrem em um pequeno corpo.
Tu que não estás sobre os rios da cruel Babilônia,
    livre desta margem do livro, estás presente com arte.

Pe. Manuel dos Santos da Sociedade de Jesus,
Prefeito de Estudos Gerais

Ao mais sábio doutor, Manuel Ribeiro Rocha,
que escreveu admiravelmente um livro sobre o resgate do etíope

EPIGRAMA

Até o presente a nação gemeu trabalhando sob peso vil,
ai, povo contrário a sua liberdade!
Mas agora, livre dos grilhões servis, respira,
nem permite por mais tempo que este jugo prevaleça,
depois que o Rio cortou, com ousado ímpeto, o nó
porque, tal como por cruel grilhão, fora presa.
Aqui quão grande glória ergue-se para o Rio! Quão grande
honra, semelhante em tudo à divindade superior, lhe abunda!
A própria liberdade que Deus outrora trouxe,
Que fora perdida, agora este livro dará.

OUTRO

Grata obra ensina que o senhor deve pôr freio ao seu domínio
e que os escravos devem buscar seus direitos.
Com efeito, mostras que os escravos, adquiridos em penhor,
conservam o direito à própria liberdade.
Tudo quanto se encerra neste livro será ouro
com que se resgata a perdida liberdade.
Só tu podias, de uma única vez, restituir quanto
tantos senhores arrancaram de seus servos.

Pe. João Nogueira,
Teólogo da Sociedade de Jesus

48 *Etíope resgatado, empenhado, sustentado, corrigido, instruído e libertado*

Para louvor do mesmo sapientíssimo autor

EPIGRAMA

Quem, Angola, retira jugo tão servil de teus povos? Quem,
escura Luanda, retira jugo tão servil de teus meninos?

Quem é vosso vingador? Ou quem é vosso destro defensor?
Que retor amigo produz recursos aos aflitos?

O diligente Manuel vai trazê-los; ele mesmo,
porque traz em seu nome, será doce alívio.

OUTRO

Povos a quem Senegal deu bebida, a quem Gâmbia deu
bebida, tu procuras retirar do jugo servil.

Não estragarás a obra, Ribeiro; a ciência não permitirá
tu, Rio, tragas novidade sem ter o nome afamado;

enquanto derramas da tua mente linfas científicas,
podes, além disso, tornar os etíopes ditosos.

Tomás Honorato,
ouvinte de Filosofia da Sociedade de Jesus

Em louvor do reverendíssimo e sapientíssimo autor

SONETO

Aqui sai à luz, da escura gente
  (De uma Rocha a empenho cavalheiro)
  Salva já a liberdade; e de um Ribeiro
  Ao lume d'água vai clara, e corrente.
De tal Rocha tão viva, e eminente
  Conceito nenhum cai, morto, ou rasteiro;
  Tão firme soa o direito, e tão inteiro,
  Que dos doutos contrai toda a torrente.
É Rocha de doutrinas tão fecunda
  Que de Deus levemente concitada
  Com influências o orbe todo inunda.
Rocha é, que em correntes desatada,
  Para livrar a tantos, sem segunda,
  Por mão do Onipotente, foi talhada.

OUTRO

Este povo infeliz, que a crueldade
  Tem por seus interesses cativado,
  Por vós fica, ó Ribeiro, resgatado,
  Por vós hoje recobra a liberdade.
Até que sem respeito à humanidade
  Tinha as leis a cobiça violado;
  Mas em vós o direito restaurado
  Faz ceder a ambição hoje à verdade.
Mas que fazeis? Não vedes que os remidos
  Da escravidão cruel, que os oprimia,
  À vossa sujeição ficam rendidos?
Assim é; porém já sem tirania,
  Só cativos do amor, e agradecidos,
  Todos querem ser vossos à porfia.

OUTRO

Quem diria jamais que na dureza
    De uma Rocha a ternura descobrisse!
    Mal cuidava o cativo, nela visse
    Seu amparo feliz, sua defesa.

Pasma o mundo de ver que à fortaleza
    A compaixão na Rocha hoje se unisse,
    Uma, e outra os ofícios repartisse,
    Uma desse o valor, outra a despesa.

No valor como Rocha ao sofrimento
    Desprezais a qualquer, que vos maltrate,
    Para pôr o cativo em livramento:

A despesa porém para o resgate
    Dará o ouro do vosso entendimento,
    Que não tem preço igual ao seu quilate.

De vários anônimos da Companhia de Jesus

Homenagens

Em louvor do eruditíssimo autor

SONETO

Deu uma *Penha forte* o fundamento
    Para a redenção pia mauritana;
    Agora novamente da africana
    Uma Rocha nos dá o documento.
Não sabe discernir o pensamento,
    Qual mais seja, entre ambas, soberana,
    Conhecendo, que influência mariana
    Interveio em um e outro intento.
Cuido, porém, ó Rocha, em tal desenho,
    Que em suster tanto peso, e tanto porte,
    Mais forte se nos mostra o vosso engenho;
Porque vós, escrevendo desta sorte,
    Sobre vós tomais só, em tal empenho,
    O que só, não tomou o *Penha forte*.

OUTRO

Não lamente jamais seu triste estado
    Ó escravo infeliz, e sem ventura;
    Não chore não seu fado e sorte dura;
    Porque já não será tão desgraçado.
Amparo, proteção, zelo e cuidado,
    Este livro, ó Ribeiro, lhe assegura;
    Porque o engenho vosso aqui se apura,
    Até o deixar de todo libertado.
Rendido pois a tal bem, e a tal favor
    O etíope fazeis, que enquanto vivo,
    Vos respeite e venere por senhor.
Fazeis que o africano assaz esquivo
    Nunca mais seja escravo de rigor,
    Mas que sempre de amor fique cativo.

Do doutor Luiz da Costa e Faria

Em louvor do autor, que padecendo penosa enfermidade,
por mais de vinte anos, ainda assim compôs este livro

DÉCIMAS

Um tal livro compusestes,
    Qual ninguém premeditou;
    Para vós Deus o guardou;
    Porque vós lho merecestes.
    Mas se enfermo escrevestes,
    O que ninguém escreveu,
    Cuida o pensamento meu,
    Que em coisa de tanto porte
    Quis Deus confundir o forte,
    Pois ao enfermo elegeu.
Para resgate tão novo
    Fostes, qual Moisés, eleito:
    Vós o fazeis tão perfeito,
    Que libertais todo o povo.
    A dizer tanto me movo,
    Por ver nesta ocasião,
    Que vós com a pena na mão
    A todos haveis livrado;
    Aos brancos de pecado,
    Aos pretos de escravidão.
Mais do que diamantes mil,
    Mais do que o ouro e a prata,
    A uns e outros resgata
    Vossa erudição sutil.
    Memorável no Brasil
    Sejais, e em toda a nação;
    E da fama alto pregão
    Publique em giro rotundo,
    Que obrastes no Novo Mundo
    Copiosa redenção.

Do padre Francisco Gomes do Rego,
Beneficiado na Sé da Bahia

Elias da Mota Bahia, amanuense do reverendíssimo autor, por se achar com a pena na mão, com a devida vênia e reverência, lhe oferece, como apêndice aos precedentes elogios, o seguinte:

SONETO

Não presumo, senhor, que em causa tanta
    O meu plectro rasteiro e impolido,
    Afinar possa o mérito subido,
    Que em vós hoje se exalta e se levanta.
Rompe sim o afeto, e se adianta,
    Mostrando, que em meu peito agradecido,
    Retumbam (qual o eco repetido)
    Os louvores, que a fama vos decanta.
Com pasmo desta, e suspensão do mundo,
    De infinitos resgata a liberdade,
    Vosso engenho sutil, douto e profundo,
E se pode medir-se infinidade,
    É a glória de resgate tão fecundo
    Aos remidos igual na imensidade.

E a seguinte

DÉCIMA

Tão liberal vos mostrais,
    Douto senhor, nesta empresa,
    Que excedem toda a grandeza,
    As liberdades que dais.
Porém, quando assim obrais,
    Com universal efeito,
    Nota o meu rude conceito,
    Que em resgate tão ativo
    Sempre vos ficou cativo
    Todo o corpo do direito.

Licenças
do Santo Ofício

Aprovação do M. R. P. M.
Fr. Lourenço de Santa Rosa,
qualificador do Santo Ofício etc.

Ilmos. e exmos. senhores.

Por ordem de Vossas Ilustríssimas li este livro, intitulado *Etíope resgatado, empenhado, sustentado, corrigido, instruído e libertado: discurso teológico e jurídico em que se propõe o modo de comerciar, haver e possuir validamente, quanto a um e outro foro, os pretos cativos africanos e as principais obrigações que correm a quem deles se servir.* Consagrado à Santíssima Virgem Maria Santíssima Nossa Senhora, pelo padre Manuel Ribeiro Rocha, lisbonense, domiciliário da Cidade da Bahia e nela advogado e bacharel formado na Universidade de Coimbra. Obra tão pia, tão devota e tão douta, que não faltando às pontualidades do sagrado texto, às regras do direito canônico, às leis do direito civil e das gentes, fala com tanta clareza nas teologias práticas e especulativas, como se as tivera ditando da cadeira, que mais

56 *Etíope resgatado, empenhado, sustentado, corrigido, instruído e libertado*

parece expositor que advogado; pois com as humildes persuasões das moralidades soube unir as mais altas máximas da política; e entre os cultos números da eloquência, oferece fácil inteligência a todos sua claridade, admirando com os discursos evangélicos os entendimentos mais rudes, aproveitando com as ponderações morais as almas mais pervertidas, instruindo com as observações políticas os corações mais obstinados e persuadindo com as doutrinas mais elevadas os ânimos mais depravados, induzindo com claros exemplos a seguir o sólido das virtudes; e isto com palavras tão suaves que, escutando-as com gosto o sentido, refundem na alma grande aproveitamento, como já ponderou Santo Agostinho: *Enquanto a suavidade do poema afaga os ouvidos, tire proveito da palavra divina.* Acho neste opúsculo ponderado o que nas obras da graça se manda executar; o que já observou Plínio da providência nas obras da natureza, que, para fazer sem horror apetecíveis as medicinas, disfarçou sua amargura prudentemente com flores: *em meio às flores, ela ornou de cores os remédios, atraindo-nos pelo prazer dos olhos e misturando o agradável ao útil;*[1] introduzindo razoavelmente as repreensões azedas aos comerciantes dos escravos com os belos matizes de tão sólidas doutrinas e de tão maduros conselhos, que me parece será este livro depois de impresso de tanto aplauso para todos os que o lerem, assim como o foi para mim útil e conveniente de o rever, pois encontro nele uma doce violência dos entendimentos, uma afluência intrínseca e extrínseca de virtudes nos períodos da sua retórica, que se pode dizer dele o que dele três vezes Túlio afirmou Vincencio Lirinense, que aos que com a viveza das sentenças não atrai, com a energia das ponderações arrasta; e aos que com a eficácia das razões não obriga, com a eloquência do estilo precisa e com o sutil dos seus argumentos convence. Sendo, pois, cada uma destas oito partes, ou discursos deste livro, um atrativo para as virtudes, cada palavra uma vitória contra os vícios e cada argumento um triunfo para as almas verem a Deus: *Não sei com que densidade de razões o discurso dele foi*

---

1. Plinio Segundo, *Historia natural de Cayo Plinio Segundo*, t.2, p.298.

composto, para que, conforme seu modo de ver, consiga convencer aqueles que não pode persuadir. Dele se diz: quantas palavras, tantas sentenças; quantas opiniões, tantas vitórias. Este é o motivo que me obrigou a ler com grande gosto este livro e, ainda algumas coisas dele, três vezes, como foi a sétima parte: *O que agrada ao ser lido três vezes, é três vezes belo,* como disse o Grego, porque sua doutrina, conceitos, estilo e erudição me têm ensinado muito e conciliado a estimação, que todos farão desta obra de tão grande autor e mestre, ótimo em o eclesiástico, moral, escriturário, canônico e jurídico; e o que mais é, no espiritual, que bem mostra no que escreveu ser guia das almas, que com sua doutrina e exemplo dará muitas a Deus, que por ele se pode dizer: *Dele saiu a palavra* em favor da liberdade dos escravos, que é coisa que não tem preço. *A liberdade é coisa inestimável;* e, assim, julgo que Vossas Ilustríssimas podem dar licença para imprimir este livro, como tão conducente ao bem das almas: nele não achei coisa que encontre à nossa santa fé e bons costumes. *Salvo melhor juízo.* Real Mosteiro da Esperança de Lisboa, em 2 de março de 1757.

Fr. Lourenço de Santa Rosa

Aprovação do M. R. P. M.
Fr. Alberto de S. Joseph Col.,
qualificador do Santo Ofício etc.

Ilmos. e exmos. senhores.

Esta obra intitulada *Etíope resgatado, empenhado, sustentado, corrigido, instruído e libertado,* autor o reverendo padre Manuel Ribeiro Rocha, crédito de Lisboa, assistente na Bahia, advogado e bacharel formado na nossa Atenas Conimbricense, põe aos olhos do mundo patente a vasta notícia que tem tanto no direito canônico como no civil. E não contente com a jurisprudência, de que é sumamente dotado, em que estabelece as doutrinas que elegantemente este seu erudito discurso pondera, entra como se fosse professor de teologia e das sagradas letras, a confirmar as razões em que se estriba. Sempre me causou dúvida o cativeiro dos etíopes, pois, sendo a liberdade joia de inestimável preço, não descobria justo título para que gemessem debaixo de um perpétuo jugo. Porém, desterrada a minha ignorância com a clara luz deste laborioso e sábio discurso, ficarão os possuidores destes escravos em boa-fé, consciência tranquila e justo título para a sua retenção. A utilidade desta obra, sendo com especialidade dirigida aos que têm semelhantes contratos, para todos pode ser universal, pois dela se pode tirar a emenda dos vícios e reforma dos costumes. E como não contém coisa contra a nossa santa fé ou bons costumes, a julgo digna de licença que seu eruditíssimo autor pede a Vossas Ilustríssimas, para a eternizar na memória das gentes por meio do prelo. Lisboa, Barraca de Nossa Senhora do Carmo às Águas livres, 21 de março de 1757.

Fr. Alberto de S. Joseph Col.

Vistas as informações, pode-se imprimir o livro de que se trata e depois voltará conferido para se dar licença que corra, sem a qual não correrá. Lisboa, 22 de março de 1757.

Abreu. Trigoso.

DO ORDINÁRIO

Aprovação do M. R. P. M.
Paulo Amaro da Companhia de Jesus etc.

Exmo. e revmo. senhor.

Vi com incrível gosto meu este pequeno livro, mas grande obra, que o reverendo doutor padre Manuel Ribeiro Rocha, advogado

Licenças do Santo Ofício

na Cidade da Bahia, quer dar ao prelo, e provera a Deus a pudesse imprimir como deseja e pretende o seu santo zelo imprimir nos corações de alguns que se empregam no comércio dos negros, pelo modo com que o praticam, tão prejudicial a suas almas, que é necessária uma ignorância, qual não considero possível para os livrar de condenação eterna; e não menos nos senhores que os compram e os tratam, principalmente na América, como se não fossem almas remidas com o sangue de Jesus Cristo, tanto como as suas. Trata o autor a matéria com tal clareza que, mostrando a injustiça que se faz àquela miserável gente, aponta o meio com que, sem cessar o comércio, se pode justificar e purificar de tantas injustiças que nele se cometem; e em tudo discorre como grande mestre, fundando-se solidissimamente nas regras do direito canônico, civil e municipal; e o que mais me admira é que, na teologia, fala como o mais douto professor, e na inteligência das Escrituras e Santos Padres, como se toda a vida se empregara nestes estudos. Não falo na sua vastíssima erudição em toda a matéria com que exorna toda esta obra. Pelo que julgo que não só se deve imprimir, mas, se fosse possível, se devia imprimir com letras de ouro e publicarem-se por lei inviolável todas as suas decisões; porque só assim se evitariam tantas injustiças que, sem dúvida, se cometem contra estes miseráveis e tão pouco atendidos escravos, e a ruína de tantas almas, que por essa causa se condenam, no que se mostra o autor fervorosíssimo missionário, para em tudo ser consumado, exortando a todos a piedade cristã que devem usar com os miseráveis escravos. Por todos estes títulos, julgo a obra digníssima do prelo; porque não só nada tem que ofenda os bons costumes, mas antes toda se emprega em tirar pecados e os da injustiça, que são tão perniciosos e de tantas consequências. Este o meu parecer. Vossa Excelência mandará o que for servido. Lisboa, Colégio de Santo Antão da Companhia de Jesus, 27 de março de 1757.

Paulo Amaro

Vista a informação, pode se imprimir o livro de que se trata e, depois de impresso e conferido, torne. Lisboa, 29 de março de 1757.

D. J. A. de Lacedemônia

DO PAÇO

Aprovação do M. R. P. M.
Teodoro Franco da Congregação do Oratório etc.

Senhor.

Com ponderação gostosa, obedecendo ao real preceito de V. Majestade, revi o substancial livro que o reverendo doutor Manuel Ribeiro Rocha, advogado na Cidade da Bahia, pretende dar à luz pública, intitulado *Etíope resgatado*, o qual, nas sólidas razões em que se funda, nos textos e autoridades que alega e na discreta piedade que respira, está mostrando a grande capacidade, zelo e católica erudição do autor desta obra, em que se interessa muito o espiritual reino de Cristo e a Real Coroa de Vossa Majestade, a cujas leis me parece não repugna, nem se achará coisa ofensiva à lei novíssima de Vossa Majestade, de 1756, e à do senhor rei d. Pedro, de 1680. Pelo que me parece digníssimo da licença que se pede. Vossa Majestade ordenará o que for servido. Lisboa e Congregação do Oratório na Real Casa de Nossa Senhora das Necessidades, 14 de novembro de 1757.

Teodoro Franco

Que se possa imprimir, vistas as licenças do Santo Ofício e Ordinário, e depois de impresso tornará à Mesa para se conferir, taxar e dar licença que corra, que sem ela não correrá. Lisboa, 18 de novembro de 1757.

M. P. Carvalho. Costa. Lemos

DO SANTO OFÍCIO

Pode correr. Lisboa, 11 de junho de 1758.
Silva. Trigoso. Silveira Lobo.

DO ORDINÁRIO

Pode correr. Lisboa, 19 de junho de 1758.
D. J. A. de Lacedemônia.

DO PAÇO

Que possa correr, e taxam em quatrocentos réis.
Lisboa, 21 de junho de 1758.
Com quatro rubricas.

Etíope resgatado, empenhado, sustentado, corrigido, instruído e libertado

1. Muitas vezes tem chegado aos ouvidos dos comerciantes e dos mais habitadores do Brasil que pessoas doutas e timoratas reprovam a negociação, compra e possessão dos pretos cativos africanos em razão de não serem legitimamente cativados em guerras públicas, justas e verdadeiras, senão em uns furtivos e repentinos assaltos, que aqueles bárbaros praticam e consentem a seus vassalos.

2. Excitados presentemente deste sucessivo rumor, desejam muitos saber os encargos e embaraços de consciência que nisto andam envolvidos, e o modo e obrigações principais com que, de outra parte, se poderão válida e licitamente comerciar, haver e possuir estes ditos pretos cativos, tanto pelo que respeita ao foro interno, como no que toca ao contencioso; e como na censura de direito se reputa por erro próprio não evitar o erro alheio, por obrigado me dei a lhes comunicar neste discurso alguma luz, se não como pede a gravidade da matéria, ao menos como permite a tenuidade de minhas forças.

Primeira parte

Do que respeita ao foro interno

3. Em primeiro lugar, saibam os comerciantes que semelhantes assaltos, ainda que sejam permitidos pelos reis gentios – verdadeiramente tais por graça e permissão divina[1] –, não são guerras legítimas, senão umas invasões, que têm a natureza de roubos, latrocínios e negociação pirática; como diz Molina referindo-se à Etiópia: *Na verdade, quando as embarcações dos lusitanos navegam para ali, ou antes que cheguem, para adquirir o que lhes aguarda, eles, que vivem em certos distritos sob o domínio de um só homem, surgem da noite, ou em qualquer outro horário, e dos locais mais remotos trazem consigo prendas e escravos, que eles tomam à força.*[2]

4. E Rebello: *É que entre os etíopes não há regularmente qualquer preocupação a respeito da justiça da guerra, pois toda a lei deles reside nas armas, e os que são mais poderosos conseguem os maiores prêmios em escravos ao atacar os inimigos na calada da noite. Nossos próprios*

---

1. Portugal, *Tractatus de donationibus jurium et bonorum regiae coronae*, p.215.

2. Molina, *De iustitia et jure tratactus: qui est de iustitia comutativa circa bona corporis, personarumque nobis coniunctarum*, p.173.

mercadores, a propósito, alardeiam francamente que as guerras [dos etíopes] são na verdade mais ladroeiras, porque também costumam roubar das cidadelas deles.[3]

5. E por isso se devem regular pelo mesmo direito e regras que tratam dos piratas e ladrões, como ensina Egídio Lusitano: *se um governante detentor do poder de decretar guerra publicamente contra outros povos, sem tê-la decretado ou começado, der permissão a seus súditos para pilharem outras nações, então, o que tiverem tomado será considerado, não como bens capturados por inimigos segundo a lei da guerra, e sim como crimes de piratas cometidos por saqueadores; assim, esses espólios estão de acordo com a mesma lei pela qual consideramos prendas de ladrões e piratas.*[4]

6. E prossegue, dando a razão: *Uma coisa, pois, é decretar guerra publicamente, por cujo decreto e ilação daquele que possui o poder decisivo sucede a distribuição dos espólios, segundo a lei da guerra como os povos a entendem; outra, determinar e conceder direta e principalmente a licença de pilhagem, quer por terra, quer por mar, o que a ninguém se permite, como algo proibido pela lei da natureza.*[5]

7. De que se segue que, assim como nas presas reais, não adquirem os piratas domínio algum, antes, sem dúvida, se devem restituir a seus donos as coisas furtadas, como salienta o mesmo Egídio: *É de comum acordo entre todos que os bens capturados pelos saqueadores e piratas nunca se tornam deles por direito. Os bens por eles tomados, ainda que após um intervalo de tempo e mesmo depois de entregues a outros, devem ser restituídos aos verdadeiros donos; como reza Covar e outros.*[6]

8. Assim também aqueles gentios, por *direito natural*, devem restituir à sua liberdade os homens e mulheres que apanham nas presas pessoais, ainda que sejam feitas com faculdade ou permissão dos seus príncipes, porque neles não adquirem

---

3. Rebello, *Opus de obligationibus justitiae, religionis et caritatis*, p.71.

4. Lusitano, *Commentarium in L. Ex. Hoc. Jure ff. de Justit. et Jur: universam contractuun materiam generatim amplectens. Deo dicatum opus*, p.51.

5. Ibidem, p.51.

6. Ibidem, p.50.

Primeira parte   67

domínio algum, nem verdadeiramente ficam sendo seus cativos; como, citando também Egídio, diz Arouca: *Por fim, deve-se atentar que, caso uma criança livre seja tomada não pelos inimigos, mas por ladrões ou piratas, destes não se tornará escrava; se eles saqueiam com permissão do príncipe ou mesmo com licença de seu príncipe, trata-se, então, de guerra declarada.*[7]

9. E não tendo neles domínio, claro é que também os não podem vender.[8] Mas como sem embargo disto, os comerciantes, navegando os seus portos, compram ali, a troco de tabaco e mais gêneros de suas carregações, os ditos furtivos escravos; por isso, justamente reprovam pessoas doutas e timoratas este gênero de negociação, maiormente porque a fazem sem preceder exame e averiguação da justiça ou injustiça das escravidões daqueles mesmos cativos que, cada um deles em particular, compra nos ditos portos, pois sem este exame e averiguação, negociam já com ânimo e resolução de comprarem pessoas livres, pela notícia, presunção e verossimilidade que têm disso, a qual presunção somente podiam e deviam depor por via da dita prévia inquirição.

10. Porque, suposto não seja ultimadamente certa esta injustiça, é muito, e mais que muito, verossímil, como salienta o sobredito Rebello: *A ideia é a seguinte: ainda que não certa de todo, ao menos se deve pressupô-la bem verossímil, segundo a qual os bens [...] são negociados de maneira ilegal, pelos próprios habitantes, na maior parte do território das duas Guinés e em toda a Etiópia, e vendidos aos nossos, de modo que assim a presunção dos mercadores não pode ser deposta, nem deve.*[9]

11. Pois aqueles bárbaros não somente reduzem a cativeiro a infinitos, que apanham nas suas chamadas guerras, senão também a muitos dos que cometem qualquer leve culpa e aos seus consanguíneos; e a esse respeito, todos os seus cativos

---

7. Arouca, *Adnotationes practicae*, t.1, p.152.
8. Ibidem, p.152.
9. Rebello, *Opus de obligationibus justitiae, religionis et caritatis*, p.71.

o são injustamente por semelhantes vias, contrárias todas e repugnantes ao direito natural, como pondera o dito Rebello: *Algumas, por conta dos crimes mais leves (que não merecem a privação da liberdade), são castigadas por seus régulos com a pena da servidão perpétua. Outras, ainda que tenham alguma culpa, porque seus filhos, maridos ou parentes são delinquentes. Títulos esses que – é consenso –, dados pela lei ou pela própria natureza, são insuficientes para que um homem seja privado da liberdade.*[10]

12. E não precedendo averiguação da justiça destes títulos a respeito de cada escravo dos que se houverem de comprar, como de fato não precede, diz Molina: *Como os portugueses não fazem nenhum exame com os etíopes sobre a lei da guerra nem sobre outras posses, os escravos que eles próprios vendem são reduzidos à servidão; mas eles compram promiscuamente tudo que lhes é oferecido;*[11] que outra coisa se pode dizer de semelhante comércio e negociação, senão que é pecaminosa e ofensiva da caridade e da justiça? De tudo isto a acusa e condena Rebello: *Eis, em resumo, a doutrina transmitida: o mais verossímil nesse negócio é que nossos coletores de impostos, conhecidos como tangomau e pombeiro, compram escravos das mãos dos etíopes infiéis, promíscua e indiscriminadamente, nas duas Guinés, na Angola e nas ilhas Cafraria, o que é ilícito e deve ser condenado à pena de morte, pois que oposto à caridade e à justiça.*[12]

13. Do mesmo modo, que outro conceito se pode formar dos comerciantes que a exercem, senão de que pecam mortalmente e andam em estado de eterna condenação? Salvo algum de ignorância totalmente invencível, o qual será tão raro que quase não será nenhum, como se atrevia a afirmar o dito Molina: *A mim, parece-me mais do que verossímil que o comércio dos que compram escravos dos infiéis, naquelas regiões e daqueles que os trazem de lá, é injusto e iníquo. E todos que exercem esse tráfico*

---

10. Ibidem.

11. Molina, *De iustitia et jure tractatus: qui est de iustitia comutativa circa bona corporis, personarumque nobis coniunctarum*, p.172.

12. Rebello, *Opus de obligationibus justitiae, religionis et caritatis*, p.74.

cometem um pecado mortal, estão em um estado de danação eterna, exceto quem se desculpe pela ignorância, embora eu ouse afirmar que nenhum deles se encontre nesta condição.[13]

14. E a razão de se julgar assim injusto este negócio funda-se em teologia certa e inconcussa, conforme a qual é pecado mortal, contra justiça e caridade, com obrigação de restituir, o comprar aquelas coisas de que temos, ou devemos ter, presunção de serem alheias; e se as compramos sem preceder exame e averiguação de que certamente são de quem as vende, pecamos e ficamos possuidores de má-fé, como afirma Molina: *Assim sou levado a pensar, pois se trata de um pecado mortal, não apenas contra a caridade, como também contra a justiça, comprar com promessa de restituição essas coisas, cuja ideia é plausível, ou deve ser merecidamente – por mais que não se curem da cegante avareza –, adquiridas como título injusto e não pertencentes aos que vendem, de modo que, se alguém as compre, deve presumir que foram obtidas por roubo. Com efeito, se alguém as compra sem exame prévio, pelo que certamente se descobriria não se tratar de furto, de modo a reter completamente para si próprio, comete pecado mortal e não é possuidor de boa-fé desde o princípio.*[14]

15. Donde, como estes comerciantes têm exuberantes fundamentos para se persuadirem de que aqueles cativos, na maior parte, foram mal e injustamente reduzidos à servidão, como do que fica dito se colhe; segue-se que, comprando-os sem prévia averiguação do título da sua escravidão e sem justa causa de sacudirem de si a dita persuasão ou presunção em contrário, pecam na forma dita; segundo Molina: *Logo, do que se disse nesta consideração e na consideração precedente, e do que agora analisamos, quem quer que compre justamente escravos dos infiéis naqueles locais, deve se convencer de que os conduz à servidão sem um título justo. Decorre que, ao comprá-los sem qualquer questionamento*

---

13. Molina, *De iustitia et jure tratactus: qui est de iustitia comutativa circa bona corporis, personarumque nobis coniunctarum,* p.171.

14. Ibidem.

sobre o título a respeito do tipo de servidão a que estão sujeitos e sem a justa causa que desfaça essa presunção, peca mortalmente e não começa a ter a posse de boa-fé.[15]

16. Pois as liberdades que nesta negociação se vendem são coisas alheias e próprias dos miseráveis escravos, que sempre a retêm e não perderam o seu domínio; e os comerciantes, comprando promiscuamente as mesmas liberdades, claro é que se expõem a perigo certo e evidente de comprarem muitas, ou quase todas, com notória injúria e dano de seus donos, que são os mesmos cativos. E eis aí, como expõe Molina, o pecado contra a justiça: *Cometem um crime mortal contra a justiça, além do perigo a que se expõem, os que compram o que não pertence de fato aos vendedores. E os que compram incorrem em gravíssimo crime contra a escravidão, ou antes, contra a liberdade dos escravos, da qual mantêm a posse, visto que os homens não a perderam quando foram capturados. Deve-se de todo modo, como há pouco explicado, restituí-la aos próprios escravos. E só isso deveria bastar para a condenação do crime injusto e mortal que é o tráfico de escravos, sobre o qual dissertamos.*[16]

17. Em segundo lugar, saibam também que, além do pecado contra justiça e caridade, que assim cometem os comerciantes nesta dita negociação, ficam contraindo mais duas obrigações, uma de ressarcir os danos causados e outra de evitarem os futuros: quanto à primeira, devem, todas as vezes que se oferecer ocasião, inquirir a verdade sobre a justiça ou injustiça das escravidões dos cativos que tiverem comprado; e não podendo descobrir a certeza, ou não se oferecendo ocasião para isso – como de fato se não oferecerá, atentas as circunstâncias de tempo e lugar –, estão obrigados a ressarcir o dano causado, *de acordo com a dimensão da dúvida que ainda resta.*

18. Isto é, que estão obrigados a restituir a cada um dos tais cativos – em detrimento de cuja liberdade fizeram estas compras e negociação –, não a parte do seu preço ou valor de cada um,

---

15. Ibidem.
16. Ibidem, p.172.

Primeira parte 71

senão a parte do dano e daqueles interesses que, aliás, tiveram se cada um deles existisse na sua liberdade, que é muito maior do que o seu valor; diz o referido Molina: *Mas convém, sempre que a ocasião o permitir, buscar a verdade: caso não se ofereça oportunidade, como geralmente acontece, deve-se restituir ao escravo – em cujo detrimento da liberdade fez-se a compra – soma a definir ou a garantia remanescente; certamente, não da parte do valor do escravo, mas da parte do prejuízo causado ao escravo se fosse livre; pois, sem dúvida, é muito mais do que o lucro o que outros retiram da escravidão do mesmo e, por isso, muito mais do que o valor do escravo.*[17]

19. E esta restituição, se o escravo estiver ausente em parte ignota ou for morto, deve ser feita a seus herdeiros, e não os tendo, deve-se seguir a mesma ordem das outras restituições, fazendo-se aos pobres ou despendendo-se em outras costumadas obras pias, praticadas em casos semelhantes e aplicadas pela alma do defunto, originário credor da mesma restituição: *Se algum dos escravos declarados morrer [...] dever-se-á indenizar os herdeiros dele. Se ele não tiver herdeiros, a indenização será entregue aos pobres ou utilizada em outros trabalhos de caridade pela alma do escravo.*[18]

20. E quanto à segunda obrigação, é certo que estes comerciantes não cuidam em examinar o título da escravidão destes cativos, senão que recebem todos quantos os gentios lhes vendem, afirmando que, ainda quando quisessem examinar a justiça ou injustiça das suas escravidões, não podiam saber a certeza delas; nem os mesmos gentios haviam de consentir, antes, se haviam de escandalizar de semelhante procedimento, como por confissão deles mesmos refere o dito Molina: *Os portugueses em absolutamente nada se preocupam com o título, motivo pelo qual esses que são vendidos como mercadorias por seus próprios conterrâneos ou pelos inimigos são sujeitados à servidão. Aliás, dizem que nada podem descobrir ao certo, nem mesmo se quisessem questionar sobre o título. E os etíopes dificilmente colaborariam com isso; mesmo*

---

17. Ibidem, p.172.
18. Ibidem, p.177.

entre nós, mal veríamos um vendedor de qualquer mercadoria se o comprador interrogasse sobre o título pelo qual a adquiriu.[19]

21. E como nestes termos não têm via, nem modo de fazerem o exame e averiguação necessária e devida, estão obrigados, debaixo de pecado mortal, a absterem-se de semelhante comércio – salvo se por outra via lícita o puderem e quiserem praticar –, porque se basta a suspeita de que alguém costuma vender coisas alheias para nos desviarmos de negociar com ele, muito mais nos devemos apartar, onde já tem passado de suspeita a ser verdade presuntiva e verossímil; quanto a isso, diz Molina: *E se os negociantes não quiserem investigar sobre os títulos, como dito há pouco, visto que os etíopes afirmam vender o maior número de escravos de modo legal, que se abstenham completamente desse tipo de tráfico de escravos. Pois, quando há suspeita de que eles não estejam vendendo seus próprios bens, deve-se abster de todo comércio com eles.* No que é seguido por Rebello: *Se não houver meio de investigar a veracidade, o que se dará regularmente, deve-se desistir da compra sob risco de crime mortal.*[20]

22. Em terceiro lugar, quanto aos compradores e possuidores destes escravos, devem saber que uns, quando compram, o fazem com ignorância da justiça ou injustiça destas escravidões, porque talvez nunca ouviram falar nesta matéria, nem a leram, nem por outro algum modo tiveram notícia dela. E que outros, ou por lerem, ou por ouvirem, ou por outra alguma semelhante razão, já tinham alguma notícia quando compraram e já o fizeram com dúvida de serem mal ou bem cativados.

23. Estes compradores e possuidores, que por ouvirem falar na matéria, ou por lerem, ou por outra qualquer via, já tinham alguma notícia quando compraram e já o fizeram com dúvida de serem os escravos bem ou mal cativados, têm outra subdistinção; porque ou compraram a quem os possuía com má-fé (por exemplo, aos negociantes), ou compraram a

---

19. Ibidem, p.152.

20. Rebello, *Opus de obligationibus justitiae, religionis et caritatis*, p.71.

Primeira parte · 73

quem os possuía com boa-fé (por exemplo, aos ignorantes): se compraram a quem possuía com má-fé, estão obrigados a fazer restituição aos escravos, *conforme a dúvida restante*, assim e do mesmo modo que estão obrigados os comerciantes, como adiante explica Molina:

24. *Consideração final: aquele que, apesar de nossos argumentos ou de quaisquer outros, ainda assim comprar escravos ou receber das mãos dos negociantes o que estes trazem, ou de qualquer outro que não tivesse começado a possuir de boa-fé, nem intentado contra o título de outrem que alguma vez possuísse de boa-fé, obrigar-se-á a restituir aos escravos, em quantia maior ou menor, de acordo com a dúvida acerca de terem sido sujeitados à servidão legalmente desde o princípio.*[21]

25. Sendo a razão porque, como nem tem boa-fé *pelo direito próprio*, pois a dúvida lha exclui, nem também tem boa-fé *pelo direito do autor*, a quem cada um comprou, pois os supomos possuidores de má-fé, não procede a seu respeito a regra de que, *na dúvida, impõe-se a possessão com justiça*, e, por conseguinte, devem restituir o dano e interesses conforme a *dúvida restante*, como diz Molina: *Aprova-se a argumentação, porque nem esse, nem seus antecessores haviam sido proprietários de boa-fé, embora a condição dos próprios proprietários fosse melhor. Então como, em se tratando de roubo incerto, os antecessores tomaram posse legalmente? Dever-se-á, por meio de decisão em julgado, efetuar a restituição aos escravos de quantia a definir.*[22]

26. E se pelo contrário compraram a algum possuidor de boa-fé, então já tem lugar a dita regra, porque justamente possuem *pelo direito do próprio autor* e, por isso, podem reter os escravos sem obrigação de lhe fazer restituição, como comenta Molina: *Terceira conclusão: se alguém, mesmo após as considerações contidas nas duas reflexões precedentes, ou algures, convencer-se de que esses escravos foram, em sua maioria, retirados dos locais apontados*

---

21. Molina, *De iustitia et jure tratactus: qui est de iustitia comutativa circa bona corporis, personarumque nobis coniunctarum*, p.178.

22. Ibidem.

e conduzidos à servidão injustamente, não obstante pode comprá-los legalmente. Em verdade, ainda não são propriedade daqueles mercadores que os transportam, e somente podem ser assim tomados depois de se tornar propriedade de algum outro de boa-fé. Decorre que: obrigar-se-á depois a uma ação ética para saber se o escravo que compra, ou que por título gratuito começou a possuir legitimamente desde o princípio, fora levado à escravidão, e se isso ocorre por algum meio pelo qual certamente possa ser conhecido. Se nada disso tiver ocorrido, como geralmente não ocorre, ou caso tenha sido feita uma ação ética, nada pode ser definido com certeza, então não haverá obrigação de restituição ao escravo e poder-se-á tê-lo com posse legítima.[23]

27. E quanto aos ignorantes, que são aqueles a cujos ouvidos nunca chegou notícia alguma, nem tiveram razão de duvidar se estes escravos vêm bem ou mal cativados, quer comprassem aos comerciantes, quer comprassem a qualquer outro possuidor de boa ou de má-fé, bem os podem reter sem obrigação da dita restituição, porque a sua ignorância os faz possuidores de boa-fé e, por isso, a seu respeito procede a regra de que *melhor é a condição de proprietário.* Diz Molina: *Os que comprarem escravos por meio dos mercadores que os transportam da Etiópia, ou porque não chegaram aos ouvidos deles motivos de dúvida se eles haviam sido levados à escravidão de modo legal desde o princípio, ou porque, em virtude de qualquer outro motivo, tenham sido proprietários deles de boa-fé, podem retê-los com a consciência tranquila, até que se prove com certeza que eles foram conduzidos à escravidão ilegalmente. Aprova-se a decisão porque havia sido proprietário de boa-fé: em caso de dúvida, a condição deles seria melhor, embora os retivessem como posse.*[24]

28. De sorte que quem tem ignorância compra com boa-fé, porque compra com credulidade de não ser a coisa alheia, no que a boa-fé consiste; e quem tem dúvida está indiferente para a boa e para a má-fé, porque a sua credulidade nem é de ser a coisa alheia, nem de o não ser; e por isso, ainda que não possa

---

23. Ibidem, p.177.
24. Ibidem, p.178.

Primeira parte   75

principiar posse de boa-fé própria, pode, contudo, continuar a posse de boa-fé que tivesse aquele a quem suceder, como explica o mesmo Molina.[25]

29. Donde, se comprar a possuidor de boa-fé, pode reter a posse, assim como a podem reter os que compram com ignorância, por proceder a respeito de uns e outros com igualdade a mesma regra de que *melhor é a condição de proprietário*; razão porque os igualou a todos o mesmo Molina: *Vamos à primeira conclusão: quem quer que tenha comprado escravos por meio dos mercadores ou tenha vindo a possuí-los depois que estes tenham sido distribuídos por quem teve primeiro a posse deles com boa-fé, como é geralmente o caso com todos os proprietários, e sobre o que tratamos em nossa reflexão, ele os possui legalmente. Há quem comece a duvidar por conta dessas coisas, que foram tratadas nas investigações precedentes, ou por conta de outros motivos de dúvida que aparecem: se os escravos foram conduzidos ilegalmente à escravidão, mas os senhores têm a posse deles legalmente, estes não são obrigados a qualquer restituição.*[26]

30. Dando a respeito de uns e outros a razão seguinte: *Primeiramente, e mais importante, o que pretendemos afirmar com esta longa conclusão é evidente por si só, porque todos eles foram de boa-fé proprietários de seus escravos desde o princípio, ou os submeteram legalmente, pelo que se tornaram outra vez proprietários de boa-fé: como, pois, demonstrado ao cabo das investigações precedentes, quem quer que alguma vez tenha se tornado proprietário de boa-fé não será obrigado a qualquer restituição até que se prove completamente que o bem que ele possui não é dele de fato; por isso que o caso de dúvida é a condição mais favorável aos proprietários.*[27]

31. A mesma resolução também nesta matéria, além de Molina, têm Azor[28] e Rebello;[29] e todos uniformemente assentam em

---

25. Ibidem, p.243-6.

26. Ibidem, p.176.

27. Ibidem, p.176.

28. Azor, *Institutionum moralium, in quibus universae quaestiones ad conscientiam rectè, aut pravè factorum pertinentes, breviter tractantur*, p.636-40.

29. Rebello, *Opus de obligationibus justitiae, religionis et caritatis*, p.70.

que o comprador e possuidor de boa-fé deve, se entrar em dúvida, fazer a diligência possível para averiguar a verdade sobre a justiça ou injustiça do escravo que comprou; e que não a podendo conseguir, o pode reter, sem obrigação de restituir; sendo que sobre este ponto mais há ainda que ver para sua completa e ultimada decisão.

32. Por que estes autores deixaram totalmente intacta (talvez por natural olvido) uma resolução não menos necessária que as precedentes, a qual, a respeito destes compradores e possuidores de boa-fé, é preciso expender; e para a sua inteligência suponhamos que qualquer deles, quando a primeira vez ouviu falar nesta matéria e entrou em dúvida, procurou como devia os donos dos navios, os capitães e mais pessoas que negociavam no tempo e ocasião em que vieram os seus escravos, para inquirir deles a verdade do como se fez então aquele negócio, e se os escravos que vieram seriam, por acaso, bem cativados?

33. Suponhamos, também, que lhe disseram que naquela ocasião se fez o negócio como nas mais se tem feito; e que os escravos eram dos cativados naquelas guerras ou assaltos dos gentios; e que raros seriam os que entre eles viessem bem e justamente cativados; e que, por força dessa resposta, formou o tal possuidor o seu discurso, dizendo: *Se raros seriam os bem cativados, mais factível é que os meus sejam dos que então vieram cativados injustamente.*

34. E como este juízo propendeu mais para a parte da injustiça das escravidões, em tais termos entra a questão e pergunta: *Se por razão desta maior propensão, está obrigado o possuidor de boa-fé a fazer alguma restituição aos escravos, que com boa-fé comprou e com boa-fé possui?* E porque acima fica dito, com Molina, que as liberdades são a coisa alheia que neste negócio se vende, e os cativos são os donos, é necessário tomar a resolução desta questão – como se tomam todas as mais nesta matéria – do que nela resolvem os teólogos, a respeito da coisa alheia com boa-fé possuída.

Primeira parte

35. E como com eles a resolve Sánchez, dizendo que, em tais termos, está obrigado o possuidor de boa-fé a fazer restituição de parte dela por razão da maioria daquela propensão: *Segunda conclusão: se, sendo proprietário de boa-fé, falta-lhe a premissa da diligência, o caso permanece dúbio; contudo, estará mais favorável à parte que considera o bem como alheio; dever-se-á restituir parte, na razão da maior propensão. Porque a causa não é equilibrada. A mesma opinião têm Sólon, Sotus e Pedro de Ledesma.*[30]

36. Segue-se que a mesma restituição devem fazer estes compradores de escravos e possuidores de boa-fé, pois não podem deixar de ter semelhante propensão e formar o mesmo discurso, à vista da notícia e fama constante que corre de virem todos, e quase todos, ou a maior parte deles, mal e injustamente cativados; e à vista do que a este respeito dizem os mesmos Molina e Rebello, que acima se transcreveram; e a razão é porque isso que eles dizem, junto com esta fama e notícia que geralmente corre na censura dos prudentes, presta cabal razão e fundamento para se julgar que o entendimento por força dela, seja por ato de opinião, seja por ato de suspeição, assenta, ou ao menos se inclina, e propende mais para a parte da injustiça das escravidões.

37. E pela razão e fundamento é que se regula ser qualquer dúvida igual e propriamente dúvida, ou ser desigual e propriamente opinião, ou suspeita, ou escrúpulo, como depois da explicação destes atos adverte Sanchez: *Para o julgamento, contudo, não se deve atentar tanto se o caso é dúbio, ou opinativo, ou firme consenso, como para as causas nas quais se baseia; pois o consenso pode depender de argumentos tão fracos, que um homem prudente antes julgará o problema, e, do contrário, podem admitir tais razões de escrúpulo, que são antes entendimento ou opinião.*[31]

38. Pelo que, quando Molina, Rebello, Azor e os mais autores dizem que os possuidores de boa-fé, feita a moral diligência, ou

---

30. Sánchez, *De sancto matrimonii sacramento disputationum*, t.3, p.108.
31. Ibidem, p.105.

não havendo modo de a fazer, se permanecerem na mesma dúvida, podem reter os escravos e não têm obrigação de lhes fazer restituição alguma, pela regra *de que, na dúvida, impõe-se a condição de possuidor*; entende-se, quando a dúvida for propriamente dúvida, isto é, quando o seu fundamento for igual a respeito dos possuidores e a respeito dos escravos, *propensão que parte do intelecto*; e não quando a dúvida não for propriamente tal, isto é, quando ela e o seu fundamento propenderem mais a favor dos escravos, contra os mesmos possuidores; aliás, errariam os ditos autores a sua doutrina, o que se não pode dizer neste ponto, ainda que nele falaram com arte e cautela, de sorte que os doutos bem entendessem e os menos agudos e os prejudicados se não ofendessem e perturbassem.

39. E a diversa razão é, porque suposto, quando a dúvida é igual, ou igual o seu fundamento, tanto direito tem à propriedade da coisa alheia o possuidor de boa-fé, como tem o duvidoso dono; contudo, como o possuidor de boa-fé tem de mais o direito certo da posse atual em que existe, neste deve ser conservado e protegido em um e outro foro, e seria injustiça tirar-lhe a posse que tem e restituir a coisa ao duvidoso dono; como diz Sanchez: *Logo, quando houver dúvida em ambas as causas, será mais favorável aos proprietários, para que mantenham a posse do bem; porque no fórum estrangeiro, conhecida a verdade dos fatos, [o proprietário] terá seu direito de posse garantido e não será obrigado a qualquer restituição: portanto, também no fórum nacional, visto que os juízos não são diferentes, exceto quando o fórum externo é conduzido pela presunção, o interno reconhece a verdade; como disse no livro 1, disposição 5, n.20; e mais: porque nenhum outro crime pode ser admitido nesta retenção, exceto a injustiça; esta, entretanto, não ocorre; pois a injustiça causa desequilíbrio entre os julgamentos de ambas as partes; portanto inexiste qualquer desequilíbrio; porém, se existisse, dar-se-ia a restituição. Isso porque a lei deve ser equânime nos dois lados, no tocante à propriedade; não é equânime, todavia, no que compete à posse; aquele que possui algo, pois, está protegido pela lei de posse: logo, se [um bem] reside sob esse direito de posse, segundo*

Primeira parte   79

o qual o direito de causa é mais favorável, não há desigualdade nem, portanto, injustiça.[32]

40. Pelo contrário, quando a dúvida e o seu fundamento propendem mais para a credulidade de ser a coisa alheia, já então, *por força desta maior propensão*, tem o duvidoso dono mais direito à propriedade da coisa do que tem o possuidor de boa-fé; e ainda que este, pela atual insistência, tem mais direito à posse do que ele tem; contudo, compensando o maior direito que o duvidoso dono tem à propriedade, com o maior direito que o possuidor de boa-fé tem à posse, ambos vêm a ficar em igualdade; e por isso devem dividir a coisa entre si; como explica Sanchez na passagem transcrita no parágrafo 35[33] e confirma no seguinte comentário: *A coisa prometida deve, no caso de quem tem a posse ou mais se inclina a crer que seja alheia, ser dividida, tal como discorremos no tópico n.19, conforme a condição da dúvida, pois a maior determinação do juízo, ainda que com temor, compensa suficientemente o excesso de posse que outro tem.*[34]

41. De que se segue, que se a notícia que chegar aos ouvidos dos possuidores de boa-fé for tão diminuta que eles não percebam serem mais os escravos que vêm mal cativados do que os que vêm legitimamente cativos, nestes termos, ainda poderão reter os escravos que possuírem, sem obrigação de restituição alguma, enquanto lhes não sobrevier maior notícia. Porém, se a notícia que chegar a seus ouvidos for mais ampla, como de fato é, de sorte que percebam serem mais os escravos que vêm mal cativados do que os que vêm legitimamente cativos, devem logo fazer-lhe restituição, *como recomenda a razão*; maiormente, quando *em semelhante matéria* as razões em que se funda esta maior propensão são de si convincentes e suficientes a gerar no entendimento do possuidor do escravo um assenso opinativo, moralmente certo de ser ele injustamente

---

32. Ibidem, p.107.
33. Ibidem, p.108.
34. Ibidem, p.210.

cativado, o qual basta para o dito efeito, ainda estando pela opinião de Vasques e de Salas.[35]

42. E porque tanto esta dita restituição *como recomenda a razão*, como a outra restituição *de acordo com a dúvida existente*, seguem em tudo as regras da restituição de coisa alheia frutífera, saibam também, uns e outros possuidores, que não somente devem restituir aos escravos a proporcionada parte dos seus interesses e serviços, que são os seus frutos, senão também a proporcionada parte da mesma liberdade, que é a coisa alheia frutífera que aqui tem de restituir.

43. E suposta esta restituição, parece se não poder fazer, especificamente, por ser a liberdade coisa indivisa, cujas partes são intelectuais e não são *objetos discretos*, como comentam d. Antônio Gomes,[36] Arnoldi Vinnii[37] e Arouca;[38] e também porque a liberdade da parte dos escravos é inestimável, como salienta Vinnii;[39] e ainda quando fosse estimável, não tinha lugar o pagar-se parte da sua estimação ao duvidoso escravo, porque isso era comprar parte de homem livre, o que o direito não admite, conforme as leis que cita e explica Arouca,[40] as quais procedem tanto na compra e venda total, como na parcial, pela regra de que *o que é dito do todo enquanto todo pode ser dito das partes enquanto partes*.[41]

44. Contudo, há modo de se fazer nestes casos restituição específica daquela mesma parte da liberdade que for devida, *de acordo com a dúvida existente* ou *como recomenda a razão*, que é

---

35. Castellani, *Tractatus de legibus in primam secundae diui thomae*, t.1, p.1.253.

36. Gomez, *Ad leges tauri commentarium*.

37. Vinnii, *In quatuor libros Institutionum imperialium commentarius academicus & forensis. Editio postrema, authoris notis, anteà seorsim impressis, aucta, titulorum concordantiis & paragraphorum summulis adornata, à mendis purgata, adeoque emendatissima*, t.1.

38. Arouca, *Adnotationes practicae*, t.1.

39. Vinnii, op. cit., p.548 ss.

40. Arouca, op. cit., p.146.

41. Sánchez, *De sancto matrimonii sacramento disputationum*, p.210.

dar-se ao duvidoso escravo a liberdade toda: parte em restituição e, simultaneamente, parte por venda, recebendo dele o justo preço da parte assim vendida de sorte que, se a nossa dúvida ou maior propensão, nos obrigar a restituir-lhe a metade da liberdade, e o escravo valer, por exemplo, cem mil réis, devemos dar-lhe meia liberdade por restituição e, simultaneamente, vender-lhe a outra meia por cinquenta.

45. E a razão é porque a obrigação de restituir especificamente a própria coisa se estende a qualquer modo possível pelo qual se possa conseguir este efeito.[42] Logo, por esse sobredito modo, deve fazer a restituição específica da parte da liberdade de que falamos porque ele não somente é modo possível e factível, senão que também é livre dos sobreditos embaraços, pois a liberdade da parte dos possuidores é divisível e recebe o valor comum, e comum estimação do preço, porque se costumam comprar estes escravos, ainda que da parte deles seja ela indivisa e inestimável, como salientam Vinnii[43] e Pereira.[44] E o direito que proíbe a compra de homem livre não proíbe, antes permite, vender-se aos escravos a liberdade por dinheiro.[45]

46. Além disto, tanto que os possuidores contraíram má-fé ou caíram na maior propensão, logo adquirem os duvidosos escravos direito à parcial restituição da sua liberdade, que eles têm de lhe fazer, e por este direito ficam sendo seus sócios em coisa comum, vale dizer, na sua mesma liberdade, na qual o possuidor e o escravo duvidoso, cada um fica tendo a sua parte. E daqui consurgem mais duas disposições jurídicas,

---

42. Navarro, *Manual de confessores e penitentes*, p.175.

43. Vinnii, *In quatuor libros Institutionum imperialium commentarius academicus & forensis. Editio postrema, authoris notis, anteà seorsim impressis, aucta, titulorum concordantiis & paragraphorum summulis adornata, à mendis purgata, adeoque emendatissima*, t.1.

44. Sousa, *Tractatus de revisionibus Augustissimae Caelorum Reginae Virginis Dei Parenti, Hominum Matri, Mariae...*, p.76.

45. *Corpus Juris Civilis*, v.1, p.734.

que obrigam os possuidores a vender ao escravo a outra parte da liberdade, simultaneamente, quando lhe restituírem a sua; a primeira consiste em que, quando dois sócios têm de repartir a coisa comum a ambos, se ela não sofre divisão, deve um comprar ao outro a sua parte ou vender-lhe a que tiver, aliás, vender-se a terceiro para repartir entre si o preço, como se encontra em Valasco[46] e Guerreiro Aboim;[47] e como nos termos e caso em que falamos, nem o possuidor, nem o estranho podem comprar a parte do escravo duvidoso, porque não podem comprar *no todo ou em parte* a liberdade de homem livre, como já foi dito e provado.

47. De necessidade para se fazer a devida repartição e restituição, deve o possuidor vender ao duvidoso escravo seu sócio a parte que nele tem, pois as obrigações alternativas, se não podem por alguma objeção em contrário cumprir-se por um dos modos alternados, por isso mesmo se devem cumprir e surtir efeito pelo outro, que não tiver objeção alguma; como encontramos em Cyriaci: *a petição não pode surtir o efeito no primeiro ponto da alternativa; é tomada pura e simplesmente na parte em que pode ser eficaz e a que nada pode ser contraposto, e é dito consistir apenas nela.*[48]

48. A segunda disposição jurídica é terminante e especial a favor das liberdades, e consiste em que quando algum dos sócios, que tiver escravo comum, lhe der ou quiser dar liberdade, deve o outro sócio vender-lhe a parte que tiver nele, ou seja maior, ou seja menor, ou seja igual à sua. É expresso: *que seja permitido ao coproprietário de um escravo comum, independente de sua condição, libertá-lo, se tal é a sua vontade, seja por atos entre vivos, seja por última vontade, e que seu sócio é por isso obrigado a vender-lhe sua parte, não importando qual seja, a fim de que não*

---

46. Vaz, *Praxis partitionum et collationum inter haeredes secundum ius commune ac Regium Lusitaniae*, p.463.

47. Aboim, *De munere judis orphanorum. Tractatus II: de Divisionibus et partitionibus in octo libros distributus, in que tornos divisus*, p.305.

48. Cyriaci, *Controversiarum forensium*, livro IV, p.55.

exista nenhum obstáculo;[49] como vem escrito também em Egídio[50] e Sylva.[51]

49. E por isso, se o duvidoso escravo, nos termos em que falamos, quiser como sócio libertar-se a si próprio, como escravo, comprando para isso a parte igual, ou maior, ou menor, que o seu possuidor de boa ou de má-fé nele tiver, deve este, como seu sócio, receber o valor dela e dar-lhe a liberdade, porque, em tal caso, o escravo duvidoso tem dois distintos direitos, e sem confusão, sendo um só, se reputa como se fossem dois homens para o dito efeito; o que não é novo em direito, nem envolve implicância alguma, como explica Reinoso: *Contudo, quando duas legislações ocorrem na mesma pessoa, elas permanecem distintas e não se confundem, mas são consideradas como se fossem de duas pessoas. Pois pode o mesmo assunto ser analisado pelo mesmo processo intelectual, já que concorrem várias formas de compreensão.*[52]

50. E quanto à restituição da parte dos frutos, *de acordo com as dúvidas existentes ou em razão da maior propensão,* devem também saber que por frutos, a respeito dos possuidores de má-fé, se entendem todos os lucros e interesses que o escravo podia ter lucrado se estivesse na sua liberdade; e a razão é porque a restituição destes possuidores de má-fé, dizem as leis, que há de ser *com todas as coisas,* e nas palavras *com todas as causas,* se compreende tudo o que se podia perceber e lucrar no tempo da retenção; como explicam Garcia e Guerreiro.[53]

---

49. *Les douze livres du code de l'empereur Justinien,* v.11, p.160 e 162.

50. Lusitano, *Commentaria ad leg. prim. c. de Sacrosanct. eccles. sex practibus distributa. Opus practicis, ac scholasticis disputationibus contextum,* p.10.

51. Sylva, *Commentaria ad ordinationes regni portugaliae: in quibus dilucide singulae leges explanantur, ac enucleantur secundum juris, ac praxis in utroque foro laico & ecclesiastico theoricam continuando scilicet ex lib. 4. tit. i. ad perficiendum opus commentariorum ab emmanuele alvares pegas editorum usque ad tit. 12. lib. 3,* p.13.

52. De Reynoso, *Observationes practicae, in quibus multa, quae per controvertiam in forensibus judiciis adducuntur, felici stylo pertractantur,* p.373.

53. Galleco, *De expensis et meliorationibus,* cap.23, n.47, p.166. Aboim, *Decisiones, seu quaestiones forenses, ab amplissimo, integerrimoque Portuensi Senatu decisae,* p.40.

84 *Etíope resgatado, empenhado, sustentado, corrigido, instruído e libertado*

51. E a respeito dos possuidores de boa-fé, somente se entendem por frutos as obras ou serviços dos escravos; aliás, a sua estimação ou salários devidos desde o tempo da maior propensão, em que a boa-fé cessou, porque o possuidor de boa-fé faz os frutos seus até o tempo em que ela dura, como tudo em específicos termos de serviços de escravos, como diz Pegas,[54] e geralmente em termos de qualquer outra coisa frutífera, como pondera Moraes.[55]

52. Donde, concluindo já este ponto das restituições, como a dúvida da injustiça destas escravidões é desigual, e mais que dúvida, por razão do seu fundamento, que na forma dita a faz ser propriamente *opinião*, ou *suspeita*, e esta desigualdade põe mais uma parte a favor dos escravos, de sorte que vêm a ficar com duas na sua liberdade, e os possuidores de má-fé com uma tão somente, e a posse destes, como injusta, não compensa alguma das ditas duas partes em contrário.

53. Segue-se que estes ditos possuidores de má-fé devem logo dar liberdade aos escravos. Em duas partes restituída e na terça parte vendida por seu justo preço. E devem mais restituir-lhe duas partes da importância dos lucros e interesses, que eles, se estivessem livres, podiam ter percebido, abatendo ou descontando o preço da venda da dita terça parte da liberdade.

54. E os possuidores de boa-fé, como compensando a terça parte da sobredita dúvida ou do fundamento da maioria da propensão, com o excesso ou maioria da posse, ficam em igualdade com os escravos. Devem logo dar-lhe a liberdade na metade restituída e na outra metade vendida por seu justo preço; e devem mais restituir-lhe a metade da importância dos serviços posteriores à notícia, descontando-lhe o preço da venda da metade da liberdade. E se não chegar para este desconto, pagarão os escravos o resto a dinheiro. E se o não tiverem,

---

54. Pegas, *Resolutiones forenses practicabiles*, p.104.

55. Moraes, *Tractatus de executionibus instrumentorum et sententiarum*.

Primeira parte 85

continuarão no serviço de seus possuidores, até lho perfazerem, porque nas vendas de liberdade primeiro se paga o preço, do que ela se entregue e receba, como defende e prova Sylva;[56] e esta mesma prestação de liberdade, meio restituída e meio vendida, e com o mesmo desconto na metade da importância dos serviços posteriores à notícia, devem também praticar os ditos possuidores com os partos das escravas, nascidos no tempo da ignorância e boa-fé, porque a seu respeito procedem com igualdade as mesmas regras. E aos que nascerem depois da notícia, e no tempo da má-fé, ainda se lhe deve maior restituição, pelo espólio, como adiante se expende.

55. Além disto, duas coisas mais devem saber os compradores e possuidores de boa-fé. A primeira é que, *por força* da notícia que têm e da dúvida em que com ela entraram, não podem vender os escravos que possuem sem gravame da consciência. É questão que excita em termos e resolve o citado Azor: *Alguém pode ter dúvida se um senhor, quando tem o espírito em dúvida se ele possui legal ou ilegalmente o escravo que comprou, tem o direito de vender tal escravo a outro com segurança. Respondo, não tem de modo algum: porque até ali ele tem a posse legalmente, o que configura condição favorável ao proprietário. Portanto tem o direito de posse sobre o escravo, não de venda. Mesmo quando temos posse de outros bens, acaso temos dúvida se são alheios ou nossos? De fato temos a posse legal, mas não podemos vender, pois o direito de vender não é o mesmo que de possuir;*[57] e o mesmo procede a respeito dos partos das escravas nascidos no tempo da ignorância e boa-fé, os quais também se não podem vender *pela mesma razão.*

56. A segunda coisa que também devem saber é que, por força da dita notícia, não podem comprar sem encargo de consciência

---

56. Sylva, *Commentaria ad ordinationes regni portugaliae: in quibus dilucide singulae leges explanantur, ac enucleantur secundum juris, ac praxis in utroque foro laico & ecclesiastico theoricam continuando scilicet ex lib. 4. tit. i. ad perficiendum opus commentariorum ab emmanuele alvares pegas editorum usque ad tit. 12. lib. 3*, p.290.

57. Azor, *Institutionum Moralium, in quibus universae quaestiones ad conscientiam rectè, aut pravè factorum pertinentes, breviter tractantur*, p.638.

outro algum escravo, porque a respeito de todos e cada um procede a mesma dúvida de serem bem ou mal cativados, e entra a doutrina de Azor: *E se acaso não sabemos ao certo se um etíope foi escravizado legal ou ilegalmente? Poderemos comprá-lo com a consciência tranquila? Muito pelo contrário: uma coisa é comprar um bem, outra é manter o que já possuímos. Certamente mantemo-lo legalmente, pois esta condição é favorável ao proprietário. Porém, não temos o direito de comprá-lo quando não sabemos se é livre ou não o homem que queremos comprar.*[58]

57. De que se segue que também dos partos das escravas posteriores à mesma notícia se não podem senhorear, e se de fato se senhorearem, farão espólio e ficarão obrigados a lhes restituir toda a liberdade plenamente, com perdas e danos, na forma dos mais espólios, como adiante na segunda parte deste discurso se diz, pois suposta a notícia que temos, nem como donos das escravas, nem como seus possuidores de boa-fé, podemos senhorear dos partos supervenientes. Como donos, não, porque já não sabemos se nós somos senhores delas ou se elas são senhoras de si para regularmos os partos, visto que por direito pertencem ao dono da propriedade; como diz Azor: *O filho de uma escrava não faz parte de seus bens, de modo que ambos fazem parte da propriedade do senhor da casa;*[59] e como possuidores de boa-fé, também não, porque a boa-fé cessou pela notícia superveniente, como diz Molina;[60] e além disso, os frutos das escravas são os seus serviços e não os seus partos, e, por isso, para se adquirirem é necessário domínio e não basta a posse de boa-fé, como lembra Vinnii.[61]

---

58. Ibidem.

59. Ibidem, p.119-22.

60. Molina, *De iustitia et jure tratactus: qui est de iustitia comutativa circa bona corporis, personarumque nobis coniunctarum*, p.176-8.

61. Vinnii, *In quatuor libros Institutionum imperialium commentarius academicus & forensis. Editio postrema, authoris notis, anteà seorsim impressis, aucta, titulorum concordantiis & paragraphorum summulis adornata, à mendis purgata, adeoque emendatissima*, t.1, p.53.

Primeira parte 87

58. E eis aqui o que se passa no foro interno da consciência, com a negociação e possessão dos pretos cativos africanos, praticada por via de compra e permutação, com aquisição de domínio, sem preceder averiguação e certeza da legitimidade da escravidão de cada um. Os comerciantes andam em estado de condenação, exceto somente algum a quem a sua total e invencível ignorância o escuse, e estão obrigados a ressarcir a todos os cativos, que assim tiverem comerciado, os danos e prejuízos resultantes da injustiça com que os extraíram ou fizeram extrair das suas terras, e a cessarem deste negócio, por via de permutação, compra ou qualquer outra aquisitiva de domínio.

59. As mais pessoas que os compram para o seu serviço, uns se acham obrigados a lhes venderem a terça parte da sua liberdade e restituir-lhes as outras duas, com os respectivos lucros que eles poderiam ter adquirido se estivessem livres da escravidão; e outros se acham obrigados a lhes venderem metade da liberdade e restituir-lhes a outra metade, com os respectivos serviços que na escravidão lhes houverem feito, e uns e outros inabilitados para os venderem e alhearem, e também para comprarem outros novos com que se hajam de servir.

60. Mas, se à vista destes horrorosos encargos e destas detrimentosas restituições, aflitos e ansiosos, desejam todos saber se há outro algum modo, outra via, ou outro gênero de contrato com que possam, para o futuro, comerciar, haver e possuir estes ditos cativos africanos e, para o presente, revalidar e suster a posse dos que existem na sua escravidão? Tomem nova respiração e entremos na segunda parte.

Segunda parte

Do que respeita ao modo lícito e válido da negociação e possessão destes cativos

1. Rebello, falando no ponto de que a favor da fé se deveria promulgar lei para qualquer infiel, recebido o sagrado batismo, ficar livre da escravidão, diz que este era também o meio de se ressecarem as iniquidades da negociação destes cativos: *Seria altamente vantajoso que não apenas o Sumo Pontífice como também o rei católico introduzissem o quanto antes essa lei em todas os domínios lusitanos, a fim de dirimir a ilegalidade que, por conta da avareza, faz injustamente escravos muitos infiéis.*[1]

2. E prosseguindo no n.31 acrescenta, dando razão do seu dito, que moralmente falando não há outra via por onde se atalhem todos aqueles excessos nesta matéria que a fama tem publicado, principalmente a respeito dos escravos de Guiné, onde, uns por violência, outros por fraude, são cativados e trazidos aos navios dos portugueses; outros, pelos delitos alheios dos pais, dos filhos, dos consanguíneos, da mulher e do marido,

---

1. Rebello, *Opus de obligationibus justitiae, religionis et caritatis*, p.71.

são reduzidos a perpétuo cativeiro; outros o são em guerras injustas; outros, nos repentinos e furtivos assaltos; e outros, por artificiosas imposturas de homicídios e crimes fingidos: *Para dizer de modo ético, parece-me que nenhum outro caminho pode resistir a tantos incômodos, pelos quais [eles] são injustamente conduzidos à servidão, como reza a fama, principalmente na região da Guiné. Alguns, então, são arrastados à força ou por meio de fraude às embarcações dos lusitanos. E mais: outros chefes de família, livres de quaisquer crimes, são condenados à escravidão perpétua, bem como sua esposa, filhos e parentes. Outros, ainda, são capturados em guerra injusta e vendidos como escravos; é desse modo, pois, que se percebe como os bárbaros etíopes não se preocupam com a lei da guerra. Aqueles que são mais fortes roubam prendas dos vizinhos. Alguns são vendidos pelos pais sem que haja necessidade. Outros muitos, arruinados com artifício fraudulento, do qual se ignora o autor, são conduzidos à escravidão com toda sua família.*[2]

3. Mas porque este meio, posto que tão infalível para o intento, prejudicava a subsistência e continuação do comércio, aliás útil e necessário ao Reino, dificultosa se faz a sua introdução. Mais suave parece o modo hábil, que agora temos de apontar, pois, sem destruição do comércio, pode evitar todos aqueles detrimentos, sendo como uma via média, que em toda a matéria árdua se deve eleger a favor de ambas as partes, como salientam Pegas[3] e Arouca.[4]

4. Segue ele também a regularidade das coisas furtadas e roubadas pelos piratas e ladrões; pois, assim como ainda que nelas não adquiram eles domínio e, por conseguinte, o não possam transferir, todavia, seguramente se lhe podem comprar, contanto que essas compras e negócio na realidade sejam um resgate, que das tais coisas se faça a favor de seus donos, a quem, pagas as despesas e o prêmio *pelo seu trabalho*, sejam

---

2. Ibidem.
3. Pegas, *Resolutiones forenses practicabiles*, p.120.
4. Arouca, *Adnotationes practicae*, t.1, p.277.

restituídas, como diz Egídio: *Porém, se alguém consciente e prudente quisesse devolver os bens que os saqueadores e piratas tomaram, não à força, mas por via da compra, os verdadeiros donos deveriam compensar com dinheiro caso quisessem que as coisas lhes fossem restituídas etc.*[5]

5. Assim, e do mesmo modo, os comerciantes da Costa da Mina, Angola e mais partes de África, licitamente e sem gravame de consciência, podem trocar pelo tabaco e mais gêneros que ali conduzem aqueles escravos, contanto que neste negócio não façam mais que resgatá-los, adquirindo neles somente um direito de penhor e retenção, enquanto lhe não pagarem o que no resgate despenderam e o prêmio do seu trabalho, porque isto, sem dúvida, é comércio lícito e livre de calúnia e dolo, e expressamente permitido em direito nas leis que cita e em que se funda Arouca: *E certamente, em relação ao comércio deste resgatado, a lei é única: embora o capturado livre pelos inimigos não seja escravo daquele que resgata, até o momento em que não se paga o preço do regate, é constituído em causa de penhor e pode ser mantido, sem dolo, em poder daquele que resgata;* [...] *não porque o homem livre possa ser penhorado, vendido ou comerciado, mas porque importou que a lei fosse constituída de tal modo que o mantivesse em causa de penhor em favor da liberdade; de tal modo que mais ricos fossem convidados a resgatar e libertar os cativos, como dizem diversos autores.*[6]

6. E não somente fica sendo a dita negociação, por esta via, comércio lícito e livre de calúnia e dolo, senão também positivamente pio e católico, em razão de que estes miseráveis gentios trazidos a terras de cristandade recebem a santa fé e o sagrado batismo, com o que se livram da infame escravidão do demônio e pelo tempo adiante podem satisfazer ou, com os próprios serviços, extinguir a causa ou direito da retenção em que ficam, vindo, assim, a livrar-se completamente da

---

5. Lusitano, *Commentarium in L. Ex. Hoc. Jure ff. de Justit. et Jur: universam contractuun materiam generatim amplectens. Deo dicatum opus*, p.50.

6. Arouca, *Adnotationes practicae*, t.1, p.151.

injusta e violenta escravidão a que barbaramente os reduziram os seus próprios nacionais.

7. Sendo que pela outra via de compra ou permutação, em ordem a adquirir domínio, até estes mesmos bons efeitos degeneram em iniquidade. E ainda que o contrário lhes pareça aos comerciantes atuais, como parecia aos do tempo do dito Molina, por se capacitarem de ser muito santa e louvável caridade esta de conduzir infiéis para receberem a fé e o batismo, e andarem nutridos e vestidos nas nossas terras: *Por fim, pude perceber de que maneira os mercadores compram escravos na Etiópia e de lá os trazem até aqui – mercadores com os quais travei contato –, e nenhum deles difere quanto a tudo que disse: não se preocupam com outra coisa senão com o lucro e com os seus interesses. E alguns ainda se admiram quando alguém lhes atira pedras, porque é bem notável o fato de eles julgarem que os etíopes comprados que trazem estão sendo levados, segundo o pensamento deles, a uma vida de fé e, consequentemente, ainda que presos, no que diz respeito ao corpo, muito melhor do que entre os seus semelhantes, isto é, nus e desnutridos.*[7]

8. Contudo, podem estar certos que por meio de injustiças não quer Deus a conversão dos infiéis; *não se faz um mal para se obter um bem*, como ali prossegue o mesmo Molina e que não pode haver maior iniquidade do que vender a cada um deles a redução à fé e a recepção do sagrado batismo, a troco de uma injusta e perpétua escravidão, como mais ponderou o supracitado Rebello: *Com certeza, não se pode dizer, com base nesse pensamento, que a escravidão é justa, nem mesmo o comércio suspeito desses tantos escravos. Porque não se deve fazer o mal para que ocorra o bem; o castigo deles, pois, é justo, como o apóstolo disse em Romanos 3. Então, se em nome da fé que recebem devem servir como escravos pelo direito de qualquer título, seguramente já compraram o batismo com a própria liberdade; há algo mais ultrajante?*[8]

---

7. Molina, *De iustitia et jure tractatus: qui est de iustitia comutativa circa bona corporis, personarumque nobis coniunctarum*, p.153.

8. Rebello, *Opus de obligationibus justitiae, religionis et caritatis*, p.72.

Segunda parte

9. E prosseguindo na explanação deste dito modo e comércio de redenção de cativos, conformando-se com ele, podem os comerciantes vender e as mais pessoas em qualquer parte comprar-lhe estes ditos furtivos e resgatados escravos, ficando advertidos de que verdadeiramente o que então vendem é aquele mesmo direito de penhor e de retenção que neles adquiriram e de que este mesmo também é o que verdadeiramente se lhe compra.

10. E que quando se tornarem a vender, ou se doarem, ou se penhorarem e se rematarem, sempre em todos estes e nos mais modos de alheação, o que se transfundirá de uns em outros possuidores será o mesmo direito de penhor e retenção, ficando obrigados a servir e obedecer até pagarem o preço do seu resgate, ou até que com os próprios serviços o venham a compensar; e ultimamente, que sendo escravas, os seus partos nascem ingênuos e livres de toda a sujeição.

11. Porque tudo isso são expressas e específicas disposições de direito, conforme o qual nos cativos resgatados por comércio não se adquire domínio, senão somente direito de penhor e retenção: *Os cativos remidos são, até que restituam seu resgate àquele que pagou por eles, reputados antes em estado de penhor do que de servidão;*[9] e, por isso, a todo tempo que oferecerem o seu valor ou preço do seu resgate, se lhe deve aceitar e dar liberdade, e a isso podem os seus possuidores, se renuírem, serem compelidos pela justiça, como é expresso no dito código: *a utilidade pública exige que os senhores libertem os seus cativos, restituindo-lhes a ingenuidade, depois de terem recebido o pagamento pela sua liberdade; se uma vez efetuado o pagamento, os possuidores se recusarem a receber a soma oferecida pelo próprio cativo ou por outro interessado, o presidente da província usará dos meios de constrangimento necessários para que a lei se cumpra.*[10]

---

9. *Les douze livres du code de l'empereur Justinien,* v.13, p.442.

10. Ibidem, p.444.

94 *Etíope resgatado, empenhado, sustentado, corrigido, instruído e libertado*

12. E, do mesmo modo, havendo servido aos ditos seus possuidores o tempo que bastar para ficar compensado o seu resgate, devem libertá-los, conforme outro texto igualmente expresso, o qual prova esta e a precedente conclusão: *para que os redentores não sejam desestimulados de redimir seus cativos, em razão da perda do preço do resgate que pagaram por eles, é necessário que os cativos remidos restituam aos seus redentores o preço do resgate que foi pago por ele aos bárbaros, ou que permaneçam a seu serviço durante cinco anos em lugar do pagamento, não perdendo com isso nada de sua liberdade.*[11]

13. E ultimamente que os partos das escravas remidas nascem ingênuos e sem contraírem a causa de penhor e retenção em que elas existirem, do mesmo modo se acha expresso e determinado em direito: *Não há nenhum autor que defenda que as crianças nascidas depois da remissão possam ser retidas como caução para garantir o preço dado pelo resgate da mãe;*[12] e ensina Arouca: *E o que ocorre no caso dos filhos de uma escrava que alguém comprou dos inimigos? Respondo: nascem livres porque não dependem de qualquer vínculo contratual, visto que por eles não foi pago qualquer valor; e nenhum autor pensa o contrário.*[13]

14. E como estas determinações de direito comum e leis imperiais, por virtude das *Ordenações do Reino,*[14] também são leis nossas que dispõem e resolvem o que ela não determinou, admitida esta via, devem ser observadas; ao menos com aquela modificação que couber na esfera da prudência, atentas às circunstâncias de tempo e lugar que vêm a ser na forma seguinte.

15. Manda a sobredita lei[15] que os possuidores recebam o preço do resgate e deem liberdade, e a isso, se necessário for, sejam compelidos. Deve-se observar esta lei com a modificação

---

11. Ibidem, p.448.
12. Ibidem, p.444.
13. Arouca, *Adnotationes practicae*, t.1, p.153.
14. *Ordenações Filipinas*, livro III, p.663-4.
15. *Les douze livres du code de l'empereur Justinien*, v.13, p.444.

Segunda parte 95

de que por preço do resgate se não entenda o valor dos rolos de tabaco por que foram resgatados, na Costa da Mina e mais partes, esses escravos, mas, sim, se entenda por preço do resgate o preço da primeira venda que deles se fez na alfândega ou na porta dos comerciantes, incluído já o lucro do comércio.

16. Manda a lei[16] que, havendo estes ditos escravos servido a seus possuidores o tempo determinado e suficiente para a compensação do preço do resgate, fiquem expedidos e livres daquela retenção e penhor. Deve-se observar essa lei com a modificação de que estes anos não sejam cinco, como esta lei determinou nas circunstâncias daqueles tempos e lugares do Império Romano, em que os cativos eram brancos e muito avantajados os seus serviços.

17. Senão que sejam aqueles que se proporcionarem ao maior ou menor preço da primeira venda de cada um destes escravos e à qualidade dos seus serviços; com declaração, porém, que se lhe não metam em conta, para aumentar o cômputo, despesas dos alimentos e vestuário, porque isso expressamente se proíbe na sobredita lei: *Se algo foi despendido com vestuário ou alimentação dos escravos, que o seja por razões humanitárias, sem que persistam reclamações com os gastos.*[17]

18. Assim declara a sobredita lei[18] que os partos das escravas remidas já nascem livres da escravidão e sem contraírem a causa de penhor e retenção em que ficarão constituídas suas mães somente, e não eles. Deve-se observar esta lei, com a modificação de que fiquem servindo e obedecendo a seus patronos, até terem a idade de 14 ou 15 anos, não por escravidão, nem por penhor e retenção, senão somente por recompensa e gratificação do benefício da criação e educação que deles receberam.

---

16. Ibidem, p.448.

17. *Novellae Constitutiones Imperatorum Theodosii II; Valentiniani III; Maximi; Maiorani; Severi; Anthemii*, p.474.

18. *Les douze livres du code de l'empereur Justinien*, v.13, p.444.

19. Mas se aos possuidores lhes parecer pesada esta obrigação de largar os escravos quando derem o seu preço ou o tiverem compensado com diuturnos serviços, façam paralelo e comparação dela com a outra, em que ficam de lhe restituir a liberdade e os interesses *de acordo com a dimensão da dúvida*, sendo possuidores de má-fé – *o que é mais provável* –, sendo possuidores de boa-fé, e logo reconhecerão ser mais leve e mais suave, e se acomodarão com o vulgar e jurídico ditame de que *tolera-se um mal menor para se evitar um maior*, como refere Barbosa.[19]

20. Do mesmo modo, se lhes parecer também pesada a obrigação de largar os partos das escravas remidas, quando já chegarem à idade competente, considerem que pela outra via não podem senhorear-se deles, e que pior será haver de os largar e sobre isso pagar-lhe os danos e interesses do tempo que contra sua vontade os retivermos e senhorearmos, e isso não *em parte*, senão *na totalidade*; porque, como nascem na posse da liberdade natural, senhoreando-nos deles, fazemos-lhes espólio logo a princípio por razão da nossa má-fé, que pela notícia antecedente ao seu nascimento contraímos, a qual nos impede de entrar na sua possessão e, por conseguinte, ficamos obrigados a restituí-los ao primitivo estado da sua liberdade, com todas as perdas e danos na forma dos mais espólios, como assevera Rebello: *Entretanto, aquele que, de má-fé, houver espoliado um escravo desde o princípio, será obrigado a lhe restituir a antiga condição de liberdade e compensá-lo pelos demais prejuízos.*[20]

21. Vencida, enfim, com a ponderação dessas circunstâncias a nossa repugnância e determinados já a tomar essa vereda de redenção de cativos, na sua praxe não têm os comerciantes que alterar no modo de contratar com os gentios, porque sempre, quanto a eles, há de ser o mesmo ato externo de trocar os gêneros pelos escravos, e toda a alteração há de

---

19. Barbosae, *Thesaurus locorum communium jurisprudentiae*, t.1, p.688-90.
20. Rebello, *Opus de obligationibus justitiae, religionis et caritatis*, p.71.

Segunda parte

ser consigo e com os compradores, a quem depois venderem; consigo, porque se até agora dirigiam aquela troca a adquirir domínio, e este era o seu ânimo, daqui em diante a devem dirigir somente a adquirir direito de penhor e retenção. Se até agora era o seu ânimo comprar, daqui em diante seja a sua intenção remir, porque como nisto não recebem os cativos prejuízo, senão que recebem grave benefício, corre de plano a regra de que *é próprio do sábio mudar de ideia diante de melhor opinião*; e com os compradores, a quem depois venderem, porque lhes devem declarar que aqueles cativos já não são comprados, senão que são remidos e que o que lhes vendem não é domínio, senão que é o direito de os possuir e os reter no seu serviço até que, em dinheiro, ou em serviços, lhe paguem o mesmo preço que então derem por ele, na conformidade do que adiante se diz; porque todo o vendedor tem obrigação de declarar ao comprador o estado e qualidade da coisa que vende; como com multidão de textos que provam esta regra, temos o de Hermosilla.[21]

22. Do mesmo modo, não têm também os possuidores e compradores que alterar mais do que o ânimo e intenção, que até agora era de comprar e adquirir domínio, daqui em diante seja de adquirir somente direito de reterem os cativos no seu serviço e em penhor, até serem pagos ou satisfeitos do preço por que compraram; e se para mais segurarem a sua consciência e se livrarem de dúvidas até a respeito dos escravos que já têm e até agora possuíram com boa-fé, quiserem desde logo arrimar-se totalmente a este partido, bem o podem fazer porque as compras desses escravos, reduzindo-se a atos de redenção, têm validade no foro externo, como veremos na terceira parte deste discurso.

23. Logo também a podem ter no foro interno por via da mesma redução, pois esta não se funda em presunção alguma falsa,

---

21. Hermosilla, *Additiones, notae et resolut. ad partitarum glossas et cogita de Gregorii Lopetii*, t.3, p.343.

e por isso em ambos os foros se pode praticar; *quando o foro externo não se apoia em falsa presunção, ambos os foros julgam a respeito da mesma coisa*, como explica Sanchez;[22] quanto mais, que sem ser precisamente necessária esta redução, bem podemos desse modo remir os nossos escravos da servidão em que presentemente existirem para deste modo não somente nos livrarmos da dúvida em que agora entramos e da restituição que por força dela lhe devemos fazer, senão também para sustermos a nossa posse e direito por este novo título, e os ficarmos por força dele retendo no nosso serviço em causa de penhor até solução do seu valor ou compensação dele com os próprios serviços, como se tem explicado.

24. Porque quando o título da coisa que possuímos entra a ser duvidoso, podemos, para declinar a superveniente dúvida, usar de outro título, que também nos seja competente, para por ele, como por nova aquisição, podermos suster e firmar a nossa posse e direito à mesma coisa, como prova Cancer na seguinte passagem: *É certo que, como notam [...] diversos autores, quando há dúvida a respeito do primeiro título, a propriedade pode ser adquirida do segundo, por cautela; o mesmo se alega quando se diz que a mesma propriedade pode ser uma única vez adquirida de novo, quando a primeira aquisição for dúbia ou a segunda for mais plena; por fim, os mesmos autores ensinam [...] que ninguém está proibido de acumular diversos direitos e títulos, tanto para confirmação do seu direito, quando está certo a respeito dele, quanto para cautela maior, quando tem dúvida sobre ele.*[23]

25. E a forma pode ser assentando cada um consigo e determinando sinceramente em seu ânimo que os escravos e escravas, que de presente tiver e possuir, desde logo os resgata a todos e os há por remidos da escravidão em que existem, ou seja, justa ou injusta, e os reduz e transfere ao estado e condição

---

22. Sánchez, *De sancto matrimonii sacramento disputationum*, p.12 e 57.

23. Somoza, *Tractatus de supplicationi ad sanctissimun a literis et bullis apostolicis*, p.47.

de cativos remidos, e o direito que neles tem o transfere e reduz também a direito de penhor e retenção no seu serviço até que cada um lhe pague ou compense o seu valor; e porque nesta conta entram igualmente os partos das escravas nascidos até agora no tempo da nossa boa-fé, se alguém fundado na regra de que, *na dúvida, se deve optar pelo mais seguro*, alegar a seu favor que, como os não compramos, melhor é, e mais seguro, dar-lhes logo pura e líquida liberdade, não contenderemos; porque isso mesmo diz também quem isso escreve; porém, o não serem comprados, não tira o serem e nascerem cativos e que possam como tais serem também resgatados, para o que não é necessária real e visível numeração do seu preço; antes basta a suposição de que o damos como redentores e o recebemos como donos.

26. E o que é melhor não derroga no que é bom; antes, circunstâncias ocorrem, algumas vezes, que trocada a cena, fica sendo melhor o que somente era bom; principalmente quando – como no caso presente – aquilo que é *melhor* prejudica mais às partes no temporal, do que aquilo que somente é *bom*; porque então melhor é o que somente é *bom*, para que muitos o sigam e obrem bem, do que o que comparativamente é melhor; porque talvez poucos, ou nenhuns o sigam, e continuarão em obrar mal, como em termos e matéria quase idêntica, diz Navarro: *Verdade é que melhor seria que graciosamente o resgatassem daquela necessidade extrema quando está a morrer. Porém, poucos farão isto e muitos o acima dito, o qual se pode e é bem que se defenda ser lícito.*[24]

27. E a regra de que, *na dúvida, se deve optar pelo mais seguro*, somente procede, e obriga como preceito, quando a dúvida é propriamente dúvida, e dúvida prática, porque com ela ninguém pode obrar, pelas razões solidíssimas que expende Sánchez,[25] e não quando é dúvida especulativa, e o entendimento opina

---

24. Navarro, *Manual de confessores e penitentes*, p.452-3.

25. Sánchez, *De sancto matrimonii sacramento disputationum*, p.106.

ser uma parte menos segura que a outra, como no presente caso; porque então a dita regra somente procede de conselho e não obriga, e por isso bem se pode seguir a parte que opinarmos ser menos segura; como prossegue Sanchez: *Falei, pois, sobre os casos dúbios, evidentemente quando a dúvida é verdadeira, de modo que não haja entendimento em nenhuma parte. Ao contrário, quando se julga que a outra parte é provavelmente menos segura, então, com efeito, pode-se aceitá-la e, neste sentido, é mais aconselhável aceitar o que está mais seguro.*[26]

28. Remidos nesta forma, os escravos e escravas, quando depois se houverem de libertar da servidão em que ficam, além do seu preço ou valor, devem pagar a estimação de qualquer arte ou ofício que aprendessem no poder dos seus possuidores. E sendo partos ingênuos nascidos das escravas depois de remidas, devem servir e utilizar seus patronos até a idade de 25 anos, pelo benefício de lhe ensinarem, ou fazerem ensinar, e aprender o tal ofício.

29. A razão quanto aos escravos e escravas é porque, pela redenção, ficam sendo devedores do seu próprio preço ou valor e ficam em penhor até pagarem essa dívida, e como por sua vontade tácita ou expressa aprendem a tal arte ou ofício e com ela ficam melhorados, essa benfeitoria ou melhoramento pertence ao seu possuidor, por ser o credor que a fez e procede a seu respeito expresso texto, que assim o dispõe: *Quando um proprietário fez os seus escravos hipotecados aprenderem algum ofício, tenham já tais cativos uma instrução inicial ou tenham a adquirido por vontade do devedor, haverá ação contrária;*[27] o mesmo vem comentado no *Digestum: Tu hipotecaste-me teus escravos, que eu instruí na escrita, ou na pintura, ou em alguma outra profissão. Neste caso, pergunto: poderei reclamar de ti o que gastei? Resposta: se eu gastar, por tua vontade tácita ou expressa, poderei recuperar o que gastei; não poderei, se não interveio um ato de vontade.*[28]

---

26. Ibidem.

27. *Traduction du livre XX et du titre VII du livre XIII Des Pandectes*, p.147.

28. *Digestum Vetus sev Pandectarum Juris Civilis*, t.1, p.1.438.

Segunda parte   101

30. E a razão quanto aos ingênuos partos das escravas, nascidos depois de remidas, é porque, suposto as obras ou serviços dos impúberes, na censura de direito, bastam para compensar as despesas de sua criação, como se deduz do texto: *um escravo impúbere já é capaz de prestar alguns serviços, mas seria injusto se apropriar dos frutos de seus talentos.*[29] Contudo, para compensar as despesas do aprendizado do ofício, ou artifício – que é como outra segunda e supradita criação – na censura do mesmo direito, são necessários outros dez anos, que orçam até os 25; como se deduz do texto: *Se o possuidor ensinou um ofício qualquer a um escravo, poderá compensar as despesas que teve com tal ensino até que o escravo complete 25 anos de idade.*[30]

31. Mas se estes ingênuos quiserem satisfazer a dinheiro a estimação do tempo que lhes faltar para o complemento da sobredita idade dos 25 anos, não se lhes pode negar esse benefício, porque, como prova e diz Moraes, quem está obrigado a algum fato não é precisamente necessário que o obre; basta que pague o interesse, pois em outra forma contrairia espécie de servidão, que o direito reprova nas pessoas livres e ingênuas: *Porque, obrigado ao fato, não está absolutamente obrigado a fazê-lo; pelo contrário, é liberado se pagar indenização.*[31]

32. E o tempo que devem servir esses escravos e escravas remidos, para se lhe compensar o seu preço ou o seu valor e ficarem livres, pode chegar a vinte anos; mas não os pode exceder. A razão de se poder estender tanto esse prazo, sem embargo de prefinir o direito o espaço de cinco anos, é porque, não sendo assim, não faz conveniência dar cem mil réis e mais de cem mil réis, como vulgarmente se dá por cada um; não havendo quem os tome por este preço, também não haverá quem arme navios e embarcações, e quem maneie o comércio do seu resgate, o que prejudica o Reino e conquistas no

---

29. Idem, p.843-4.
30. Ibidem.
31. Moraes, *Tractatus de executionibus instrumentorum et sententiarum*, livro 2, cap.4, p.219-20.

102 *Etíope resgatado, empenhado, sustentado, corrigido, instruído e libertado*

temporal, e no espiritual prejudica o serviço de Deus e bem das almas, que resulta do dito comércio e transporte desses gentios e sua conversão.

33. E além disso, o direito introduziu essa singularidade de ficarem os remidos constituídos em causa de penhor e servindo como escravos até pagarem ou compensarem o seu preço, para que haja muito quem se incline ao comércio de os resgatar, em que tanto interessa à utilidade pública no espiritual e temporal; e, por isso, ainda que atentas às circunstâncias do tempo em que aquelas leis foram estabelecidas e à qualidade daqueles cativos, lhe prefiniu o espaço de cinco anos que então se julgou bastante; contudo, nos tempos presentes, para que tenha efeito o dito comércio, podemos agora interpretar, ampliar e estender o dito prazo até os anos que forem necessários para se conseguir a pretendida utilidade, porque semelhantes interpretação, ampliação e extensão o mesmo direito as manda fazer nestes casos: *como diz Pédio, quando a lei explica claramente como se deve proceder sobre uma matéria qualquer, podemos legitimamente, por meio da interpretação, estender os princípios nela contidos a todos os casos que apresentam o mesmo propósito e utilidade.*[32] E escreve Arouca: *Complemento da jurisdição: ainda que tratemos de lei específica introduzida por causa de alguma utilidade, deve-se produzir uma lei por cuja utilidade se satisfaça a distinção do novo tipo [...]; porque também nos casos que se desviam, quando estamos em coisas favoráveis e as leis nos favorecem em razão da utilidade pública, pode suceder a extensão do direito que tende à mesma utilidade [...].*[33]

34. E a razão de não poder esse prazo exceder o tempo de vinte anos é porque, por mais diminutos que sejam os réditos anuais dos bens rendosos ou frutíferos, sempre na censura de direito o seu rendimento de cada ano compensa e iguala a vigésima parte do valor e estimação dos mesmos bens, que

---

32. *Digestum Vetus sev Pandectarum Juris Civilis*, t.1, p.75-6.

33. Arouca, *Adnotationes practicae*, t.1, p.157.

por isso no *Digestum Vetus sev Pandectarum Juris Civilis* dispôs-se que os prédios suburbanos da Igreja se avaliassem e que, repartido o preço do seu valor por vinte anos e computado o que tocava a cada um, se arrendassem ou dessem a enfiteutas, com a pensão anual da dita vigésima parte: *Permitiremos a alienação destas propriedades somente por arrendamento temporário, o qual, como referimos, não poderá durar mais do que a vida do locatário e das próximas duas gerações.*[34]

35. O qual texto e sua glosa fazem regra geral neste ponto, e nela se fundam todos os autores, assentando em que os bens pouco rendosos tanto valem quanto rendem no espaço de vinte anos, como explica Mantica e outros, dizendo que *isso se estende àquelas coisas consideradas pouco rendosas;*[35] e como os escravos são bens frutíferos, cujos réditos ou frutos, na censura do mesmo direito, são as suas obras e serviços, segue-se que, por mais inertes e inúteis que sejam, quem deles se servir por espaço de vinte anos, sempre fica pago do seu valor e, por conseguinte, não pode exceder o dito prazo.

36. E do mesmo modo segue-se que, se o escravo, depois de haver servido algum tempo, quiser libertar-se e pagar o resto, dividido o seu valor em vinte partes, pagará cada ano dos que lhe faltarem pela vigésima parte do seu preço ou estimação. Por exemplo, se tem o escravo servido dez anos e quer pagar os que lhe faltam, se ele valer cem mil réis, repartidos estes por vinte anos, sai a cinco mil réis cada ano, e a cinco mil réis pagará cada um dos anos que lhe faltar. E se, por ser alfaiate ou sapateiro, ou por ter outro algum ofício que lhe mandamos ensinar, valer cento e cinquenta mil réis, repartidos por vinte anos, sai a sete mil e quinhentos cada ano, e a sete mil e quinhentos pagará o escravo os que lhe faltam.

---

34. *Digestum Vetus sev Pandectarum Juris Civilis*, op. cit., p.284.

35. Mantica, *Vaticanae lucubrationes de tacitis et ambiguis conventionibus: In Libros XXVII. Dispertitae*, v.1, p.237; Barbosae, *Praxis exigende pensiones*, p.129; Aboim, *De munere judicis orphanorum: opus in quinque tractatus divisum, quorum primus est De inventario, in quatuor libros distributus...*, p.144.

104 *Etíope resgatado, empenhado, sustentado, corrigido, instruído e libertado*

37. E porque pode vir em dúvida a respeito dos escravos, que até agora possuímos com boa-fé, se lhe devemos levar em conta os anos que nos houverem servido ou se devem, sem este desconto, novamente principiar? Se responde que os serviços dos anos pretéritos foram frutos que o possuidor de boa-fé fez seus, e quanto é por força desta razão, não se devem computar; porém, como a liberdade é favorável e a servidão odiosa e a lei do amor do próximo nos obriga a amar esses cativos – por mais indignos que nos pareçam – como a nós mesmos, internamente repugna e se faz dura e rígida esta desigualdade; e por isso, nesta dúvida, justo e prudente conselho seguiremos, fazendo composição amigável com os escravos sobre o tempo que mais nos hajam de servir para serem livres, como diz Rebello: *Poderá, todavia, ocorrer um acordo com o escravo, de modo que ele deverá servir por tempo determinado, maior ou menor, de acordo com o combinado, e só depois, então, gozará de sua liberdade,*[36] pois, em outra forma, viremos a largá-los já velhos e incapazes de agenciar a sua vida, depois de consumida no nosso serviço, o que será erro pior que o anterior.

38. Este é o modo com que válida e licitamente se pode continuar a negociação e a possessão dos pretos cativos. Se o seguirmos, podemos confiar que a Divina Providência, por esse voluntário sacrifício, nos desvie o trabalho e o infortúnio e nos favoreça com ocultos influxos de mais avantajados lucros no modo de vida de cada um, e poderá internamente comover o ânimo dos mesmos escravos já livres, para que fiquem e permaneçam na nossa companhia e nos sirvam melhor na liberdade do que faziam na escravidão, de sorte que, se talvez então o faziam mal, como forçados, depois o façam bem, como agradecidos. Se, porém, os desprezarmos, podemos recear que nos venham trabalhos, infortúnios, desgraças, pobreza e até maior rebelião dos mesmos escravos, porque por tudo isso clamam tantas servidões e tantas

---

36. Rebello, *Opus de obligationibus justitiae, religionis et caritatis*, p.71.

Segunda parte 105

retenções injustas, e as suas más consequências e pecados concomitantes; e quiçá não sejam porque as cidades marítimas, em que vemos há tantos anos frequentado este comércio de escravos, sem observância e precedência dos devidos requisitos – antes com sua total dissimulação –, em vez de se aumentarem na opulência, cada dia as experimentamos mais decadentes e diminutas.

39. E praza a Deus não lhes sobrevenham maiores misérias e calamidades, como já antigamente com outras pessoas timoratas receava o mesmo Molina: *Tudo isso pode em conjunto ser a causa pela qual bem poucos ou praticamente ninguém, pelo que sabemos, tenham avançado nesse tipo de negociação, como eu mesmo ouvi dos próprios mercadores. Isso a Deus não apraz, por conta dos muitos pecados intervenientes. Mas quem nos dera outros infortúnios mais graves não ocorressem por conta desse tipo de negociação, dissimulado por tanto tempo, como alguns temem.*[37]

---

37. Molina, *De iustitia et jure tratactus: qui est de iustitia comutativa circa bona corporis, personarumque nobis coniunctarum*, p.174.

Terceira parte

Do que respeita ao foro contencioso

1. O mesmo que se disse na primeira e segunda partes deste discurso, de não ter validade no foro interno a negociação de cativos pelo modo com que há tantos anos se pratica e costuma exercer e de somente se poder continuar e prosseguir por redução ao comércio de redenção é o que também se deve dizer e julgar no foro contencioso, se nele aparecer esta matéria e for disputada com contradição e audiência das partes, em forma judicial, porque o costume, posto que tão antigo e longevo, com que os comerciantes compram os ditos cativos aos gentios, sem averiguação e certeza do justo título da escravidão de cada um, sendo uso e costume tão injusto e tão nutritivo de pecados, como fica expendido, claro é que, nos nossos auditórios e tribunais, se não pode julgar válido, ou seja perante as justiças eclesiásticas ou perante as seculares.

2. Pois os costumes injustos e nutritivos de pecados, todos geralmente são ab-rogados e anulados pelos sagrados cânones[1] e, por isso, nem no foro civil, nem no canônico, nem no

---

1. João Paulo II, *Código de Direito Canônico (Codex Juris Canonici)*, p.46-7.

eclesiástico, nem no secular, devem ter observância e validade. No eclesiástico, claro está que não, porque as disposições canônicas direitamente se encaminham a esse foro, ao seu regímen e à decisão das suas causas. No secular, também não, porque nas *Ordenações do Reino* dispõe-se que as matérias que trouxerem pecado se julguem pelos sagrados cânones: *Mandamos que seja julgado, sendo matéria que traga pecado, por os sagrados cânones.*[2]

3. Logo, por injusta e nutritiva de pecados, se não deve também no foro contencioso julgar validade à negociação de que falamos, visto proceder em termos a seu respeito a sobredita *Ordenação*[3] e o que, no seu comentário, diz Sylva: *Assim também os hábitos injustos e os pecados não devem ser tratados no foro civil nem no canônico; porque são ab-rogados da autoridade do pontífice pelos cânones,*[4] no que concorda Barbosa.

4. E somente se lhe deve no tal foro julgar validade se for praticada, daqui em diante, como fica dito, por via de redenção de cativos, porque esta, ainda com seus lucros e interesses, é comércio lícito e válido, permitido nas leis;[5] na forma expendida na segunda parte deste dito discurso; antes porque assim é lícito no foro externo, também o fica sendo no interno, conforme a regra teológica, como salienta Sánchez: *Pois, como o foro externo não se fundamenta em falsa pressuposição, cada um dos foros deve igualmente proceder ao julgamento, como disse no ponto 5. n.20.*[6]

5. Pelo que a questão que nesta terceira parte temos de expender somente é: *Se as compras de cativos até agora injustamente feitas pelos comerciantes se devem e podem, no foro contencioso, reduzir-se, ainda de presente, aos termos de contrato de redenção, para, como*

---

2. *Ordenações Filipinas*, livro III, p.664.

3. Ibidem, p.663-5.

4. Sylva, *Comentaria ad Ordenationes Regni Portugalliae*, t.2, p.288.

5. Tit. LI. [L.] De postliminio Reversis – Et redemptis ab hostibus. In: *Corpus Juris Civilis*, p.559.

6. Sánchez, *De sancto matrimonii sacramento disputationum*, p.57.

Terceira parte

109

tais, surtirem os efeitos expressados nas leis imperiais, citadas e expendidas também acima na segunda parte deste discurso? A resolução desta dita questão, que é particular e contraída já à presente matéria, depende da decisão da outra questão geral e abstraída, que pergunta: *Se o ato que não valer pela via e modo com que foi feito, se deve suster pelo modo e via em que aliás poderá ter validade?* Na qual há duas diversas opiniões; se bem que uma e outra se vêm a conciliar, cada uma nos seus casos.

6. A opinião negativa segue Bartolo e com ele grande multidão de autores, dos quais aponta alguns Scacia, no seu *Tractatus de commerciis*; e na conformidade desta opinião, o ato obrado por virtude de procuração insuficiente não vale, ainda que aliás o procurador tivesse outra procuração suficiente, com a qual, se o fizesse, seria válido, e assim outros muitos mais atos, que Scacia ali refere. A opinião afirmativa segue o mesmo Scacia, com muitos que cita; e na conformidade desta opinião, o matrimônio dos impúberes vale como contrato de esponsais, e o processo nulo vale como interpelação extrajudicial, e assim outros muitos atos que também aponta o citado Scacia.[7]

7. Para inteligência dos termos em que procede cada uma destas opiniões, se deve prenotar que os atos e contratos podem ser nulos e inválidos por algum de quatro princípios, a saber: por parte da matéria, por parte dos agentes ou contraentes, por parte da forma ou por parte do fim a que se ordenam, e vale o mesmo que dizer que podem ser nulos por causa material, por causa eficiente, por causa formal ou por causa final, como explica Moraes.[8] Seja exemplo a compra e venda, a qual será nula por causa material, se a coisa que se vender for sagrada, religiosa, homem livre ou outra semelhante, das que não entram em comércio, como menciona Sylva. E será

---

7. Scaccia, *Tractatus de commerciis, et cambio: in quo non minus opportune... tractatur de mora, interesse, usura, solemnitate scripturae...*

8. Moraes, *Tractatus de executionibus instrumentorum et sententiarum*, livro 2, cap.18, p.344.

110 *Etíope resgatado, empenhado, sustentado, corrigido, instruído e libertado*

nula por causa eficiente se quem comprar ou quem vender for algum mentecapto, ou pródigo, ou mudo e surdo, como explica o mesmo Sylva; do mesmo modo, será nula, por causa formal, se faltar o assenso e consenso em torno do preço, em todo ou em parte, como ainda explica Sylva,[9] e ultimamente será nula por causa final se pactuarem que não haja translação de domínio, como afirma Mantica.[10]

8. O que posto e prenotado, as ditas duas opiniões procedem, de sorte que a afirmativa de valer o ato nulo, pelo modo em que aliás podia ter validade, fica sendo regra geral afirmativa para todo e qualquer caso ocorrente, com três exceções e limitações tão somente; e a negativa de não valer o ato nulo, pelo modo com que aliás pudera valer, fica sendo regra particular negativa, que somente procede nos mesmos três casos excetuados ou naquelas mesmas três limitações: o primeiro caso excetuado ou a primeira limitação, em que procede a opinião ou regra negativa, é quando a nulidade do ato provém de causa formal, porque então o ato nulo não pode valer por outro algum modo, como afirmam os autores que cita Scacia[11] e o próprio Sánchez: *Quando a ação não vale, como acontece, então vale desse modo, pelo qual pode valer, quando há uma falta na parte proponente da causa, como no caso de um matrimônio entre menores; possui, logo, forma devida, faltante apenas com relação à diferença de idade dos contraentes; do contrário, quando há falta da parte proponente e da forma então desmancha-se o acordo.*[12]

---

9. Sylva, *Commentaria ad ordinationes regni portugaliae: in quibus dilucide singulae leges explanantur, ac enucleantur secundum juris, ac praxis in utroque foro laico & ecclesiastico theoricam continuando scilicet ex lib. 4. tit. i. ad perficiendum opus commentariorum ab emmanuele alvares pegas editorum usque ad tit. 12. lib. 3*, p.55, 62-3 e 104.

10. Mantica, *Vaticanae lucubrationes de tacitis et ambiguis conventionibus: In Libros XXVII. Dispertitae*, v.1, p.173.

11. Scaccia, *Tractatus de commerciis, et cambio: in quo non minus opportune ... tractatur de mora, interesse, usura, solemnitate scripturae...*

12. Sánchez, *De sancto matrimonii sacramento disputationum*, p.56.

Terceira parte

9. E a razão é porque a forma é o que dá ser e existência ao ato, de tal sorte que, faltando, também o ato perece, como explica Moraes;[13] e a comparam os autores a respeito do ato, com o espírito a respeito do vivente, pois, assim como o vivente, ainda que padeça o defeito de qualquer outra parte, tendo espírito, sempre vive e sem ele não pode viver, posto que lhe não falte outra alguma parte; assim também o ato bem pode subsistir com qualquer outro defeito ou nulidade das quatro sobreditas, mas com o defeito e nulidade da forma, nenhuma subsistência pode ter; donde proveio o prolóquio jurídico; *o ato corrompe a forma*, mencionado por Barbosa.[14]

10. O segundo caso excetuado ou a segunda limitação, em que procede a dita opinião e regra negativa, é quando o ato válido a que se houver de reduzir o ato nulo se não inclui e compreende na sua esfera, ao menos virtualmente, como esclarecem Scaccia[15] e Sánchez: *E quando o ato é incluído no que é feito, se não vale pelo pacto com que é feito, vale por um modo melhor pelo que pode valer* [...] *quando o ato é nulo pelo defeito da forma, o que aqui não toca, ou que tem lugar quando a obrigação que podia ser contraída não é incluída na obrigação contraída, como bem explica Covar;*[16] e a razão é porque os atos dos agentes, conforme também é regra jurídica, não podem obrar além da sua intenção e, por isso, se o ato válido a que se houver de reduzir o nulo se não incluir e compreender na sua esfera, a ele se não pode estender contra a mente e intenção de quem o obra, como explicam Sánchez[17] e Scaccia.[18]

---

13. Moraes, *Tractatus de executionibus instrumentorum et sententiarum*, livro 2, cap.21, p.392.

14. Barbosae, *Thesaurus locorum communium jurisprudentiae*, t.1, p.105.

15. Scaccia, *Tractatus de commerciis, et cambio: in quo non minus opportune... tractatur de mora, interesse, usura, solemnitate scripturae...*

16. Sánchez, *De sancto matrimonii sacramento disputationum*, p.55 e 57.

17. Ibidem.

18. Scaccia, op.cit., p.297.

11. E, ultimamente, o terceiro caso excetuado ou a terceira limitação, em que procede a opinião e regra negativa, é quando o direito resiste e proíbe o ato válido a que se houver de reduzir o nulo,[19] como se refere Sánchez: *E confirma-se que, quando apenas o contrato não procede bem da parte da causa eficiente, se o direito lhe faz oposição, nem vale como é, nem como pôde ser; [...] nos casos duvidosos, quando é lícito que o clérigo possa renunciar ao benefício em seu prejuízo, se renunciar nas mãos de um leigo, diz-se ser a renúncia nula; por isso, o direito resiste àquela renúncia.*[20]

12. E como os atos das compras dos escravos, que os comerciantes fazem aos gentios, para o efeito de valerem como atos de redenção de cativos, não entram em alguma destas ditas três limitações ou exceções, porque primeiramente a sua nulidade não é por causa formal, senão que é por causa material; e, em segundo lugar, os contratos da redenção se incluem nos contratos das mesmas compras; e, ultimamente, o direito não resiste, antes aprova e favorece a redenção de cativos; segue-se que pela dita opinião e regra afirmativa se deve resolver a questão proposta, e que na conformidade dela, como atos de redenção de cativos, devem valer e ter subsistência os atos das ditas injustas e nulas compras, e que assim se devem reduzir e julgar a requerimento de qualquer das partes no foro contencioso.

13. Pois quanto à primeira limitação, que aquelas injustas compras não têm nulidade por parte formal, se mostra, porque a compra e venda, por via de regra, não têm forma alguma extrínseca de escritura ou outra semelhante solenidade, como diz Sylva, e toda a sua forma consiste no consenso sobre o preço, o qual basta ser expressado por palavras e modo com que suficientemente se manifeste: *Do mesmo modo, no tocante à essência da compra e venda, não é exigida determinada forma extrínseca, mas pode ocorrer por escrito ou não, embora seja consenso*

---

19. Ibidem.

20. Sánchez, *De sancto matrimonii sacramenti disputationum*, p.56.

que a forma das palavras seja suficientemente expressiva; com efeito, não é exigida a escritura para a validade daquilo, mas somente para a aprovação [...];[21] e os comerciantes, claro e sabido é, que por si ou por intérpretes, ou por palavra, ou por acenos, que são o que basta, se ajustam com os gentios sobre os cativos que recebem e sobre as coisas que lhe dão e trocam por cada um, e toda a nulidade que há nestes contratos é por causa material.

14. Porque os tais cativos, que são a coisa vendida, ou todos ou quase todos são homens livres, nos quais não cabe comércio por via de compra, permutação ou outro algum título translativo de domínio; e quando os contratos são nulos por causa material e não por causa formal valem pelo modo com que, aliás, podiam valer, como salienta Mantica: *Mas a tal exposição ainda se pode responder facilmente, pois essa regra tem efeito quando o contrato é nulo por conta de algum defeito formal; ou quando, pela intenção dos contraentes, se percebe que o contrato não valeria de outro modo. Caso diferente ocorre quando há problema na matéria e falta disposição dos contraentes, então vale o contrato pelo modo que possa valer.*[22]

15. E quanto à segunda limitação, que o ato ou contrato da redenção de cativos se inclui no ato ou contrato da sua compra, igualmente se mostra, porque a redenção também é espécie de compra; *redenção, está escrito, é como se fosse a compra da coisa, e redimir, como se fosse comprar a coisa*; e a sua diferença consiste em que a compra se dirige a adquirir domínio, no qual se inclui posse, uso e livre-arbítrio de poder perpetuamente usar da coisa comprada para todos e quaisquer efeitos; e a redenção se dirige a adquirir somente parte desta posse, uso e retenção interina, até ser pago da importância e gastos do

---

21. Sylva, *Commentaria ad ordinationes regni portugaliae: in quibus dilucide singulae leges explanantur, ac enucleantur secundum juris, ac praxis in utroque foro laico & ecclesiastico theoricam continuando scilicet ex lib. 4. tit. i. ad perficiendum opus commentariorum ab emmanuele alvares pegas editorum usque ad tit. 12. lib. 3, p.9.*

22. Mantica, *Vaticanae lucubrationes de tacitis et ambiguis conventionibus: In Libros XXVII. Dispertitae,* v.1, p.325.

resgate, como fica dito neste discurso, na segunda parte, e adiante se diz nesta terceira; donde, assim como o ato dos esponsais se inclui e compreende virtualmente no do matrimônio, porque os esponsais são como parte menor do mesmo matrimônio,[23] assim também o ato de redenção destes cativos se inclui e compreende virtualmente no ato da sua compra, porque também esta redenção é como parte menor daquela compra.

16. E por conseguinte não se pode dizer que as ações ultrapassem a intenção dos agentes, porque na intenção de comprar os tais cativos, que era o mais, se inclui virtualmente a intenção de os remir, que é o menos; bem assim como na intenção de se casar, que também era o mais, se inclui virtualmente a intenção de se desposar, que também é o menos; maiormente, quando em um e outro caso não houver expressa e declarada intenção dos contraentes em contrário, como indica Sánchez: *E a discussão está aberta, pois, tendo em vista que no caso do matrimônio o vínculo é perpétuo, como se os cônjuges depois fossem apenas um, por isso mesmo que alguns consentem no caso do matrimônio, porque querem que haja união em tempo futuro; assim também essas palavras: eu te recebo como minha, o que também quer dizer, eu te recebo para o futuro.*[24] E continua: *E a razão desta conclusão reside na intenção dos contraentes, que parecem ter desejado contrair núpcias, caso em que menos valeria o matrimônio: por isso não se pode dizer que o ato se estende além da intenção dos contraentes; mas naquele ato, quando os contraentes não tiveram a intenção contrária expressa, decorre a intenção como obrigação, pelo modo que foi possível [tal ação].*[25]

17. E, ultimamente, quanto à terceira limitação, que o direito não proíbe nem resiste aos atos e contratos de redenção de cativos, antes permite este comércio e favorece a sua

---

23. Sánchez, *De sancto matrimonii sacramento disputationum*, p.55.
24. Ibidem.
25. Ibidem, p.57.

Terceira parte

continuação, se prova das leis e doutrinas expendidas na segunda parte deste discurso, das quais se mostra que o direito, para atrair a todos e os excitar ao exercício deste dito pio e louvável comércio, constituiu a formalidade de penhor legal nas pessoas dos remidos, para segurança de quem assim os resgatar, como expõe Merlindo: *É triplamente enganoso o caso do homem adquirido pelos inimigos que pode ser mantido pelo credor até que lhe seja restituído o valor gasto na negociação. Contrai-se legalmente, com efeito, um seguro tácito em favor de sua liberdade, porque os homens são aliciados a comprar cativos e, assim, estes podem ser protegidos do preço dispensado naquela negociação.*[26]

18. E isto com o ônus e obrigação de existirem no seu poder e o servirem totalmente como escravos, até lhe restituírem ou por algum modo satisfazerem a importância e preço da sua redenção, como explica o mesmo Merlindo: *Entretanto, enquanto não for restituído o valor, estão em posse do credor, e são obrigados a servi-lo. E mais, quando diz não se tratar de escravos, e sim de natureza próxima dos escravos;*[27] e também com a circunstância de se poder vender e ceder a outrem este mesmo direito, contanto que desta venda ou cessão não resulte aos remidos outra mais dura servidão; como também expende Merlindo: *Acrescenta-se, em segundo lugar, que o crédito ou o juro, sobre o qual já tratamos detidamente, pode ser cedido e vendido, contanto que, pela cessão, não resulte condição mais rigorosa para o resgatado; [...] tal juro não deve ser bárbaro, mas humano.*[28]

19. E convencido assim o ponto de se não implicar, em alguma das três expendidas limitações, a redução dos atos de compra de cativos a atos de sua redenção, ainda acresce mais, em comprovação da presente resolução, ser a matéria dela favorável tanto pelo que respeita à liberdade natural dos mesmos cativos, como pelo que toca à utilidade de se poder suster por

---

26. Merlino, *De pignoribus et hypothecis*, p.152.
27. Ibidem.
28. Ibidem.

esta via a sua negociação, e ser matéria de evitar os pecados, que nela andam involutos, e a violação da justiça comutativa e da natural, que também nela se ofendem; em cujos termos – ainda preciso tudo o mais – se deve no foro contencioso reduzir qualquer destas compras de cativos ao contrato de redenção, para nele surtir efeito e ter validade a favor dos mesmos cativos e da continuação e subsistência do comércio, e isso não de qualquer sorte, senão com todo o esforço e eficácia dos juízes, perante quem semelhantes litígios se controverterem.

20. Pois procede a este respeito, com onímoda paridade de termos e de fundamentos, o mesmo que resolve Scaccia a respeito de se reduzir o contrato de câmbio nulo ao contrato de mútuo com juros lícitos, matéria também favorável ao comércio, exclusiva dos pecados de usura e da violação da justiça natural e comutativa: *E a matéria é igualmente favorável, porque se evita a suspeita de usura, que é odiosa, e porque garante a justiça natural, ou comutativa, já que uma pessoa não poderá enriquecer em detrimento de outra, justiça comutativa esta em que o juiz deve insistir com todo o empenho; logo, esse contrato deve valer como pudera valer e, assim, na forma de simples empréstimo, pelo que possa legalmente receber interesse.*[29]

21. E se também esta dita resolução desagradar aos comerciantes e aos possuidores destes cativos, saibam ultimamente que ainda ela é fundada em prudência e equidade. Que de rigor de direito, provando qualquer deles em juízo que foi tomado aos gentios como não devia ser, isto é, sem constar a quem o tomou a certeza e legitimidade da sua escravidão, devia ser julgado por livre, sem mais ônus ou encargo algum, ficando salvo a seu possuidor o regresso contra o comerciante a quem o comprasse e a este contra os gentios de quem o houvesse.

---

29. Scaccia, *Tractatus de commerciis, et cambio: in quo non minus opportune... tractatur de mora, interesse, usura, solemnitate scripturae...*, p.298.

Terceira parte   117

22. E o que mais, é que na *Ordenação do Reino* há fundamento e argumento não leve, que conclui isto mesmo; pois no livro 5, título 107, onde se proíbe o comércio de Guiné sem licença régia, dando-se faculdade aos capitães e mais pessoas dos navios de El-Rey para tomarem e levarem a Lisboa outros navios e embarcações que naqueles portos se achassem sem a dita licença, depois de lhe consignar por prêmio a metade de tudo o que lhe fosse tomado por perdido: *E do que lhe for tomado, e julgado por perdido, haverão os que o tomarem a metade, e todo o mais para nós*; acrescentou logo o legislador as seguintes e imediatas palavras: *E isto se não entenderá nos escravos, que por não serem tomados, como devem, forem havidos por livres;*[30] das quais se colhe que chegados aos nossos portos os navios de Guiné, devem ser examinados a respeito dos escravos que trouxerem, e os que se achar serem tomados, como o deviam ser, isto é, com averiguação e certeza de serem legitimamente cativados, devem ficar, como tais, no domínio de seus donos; e, pelo contrário, os que se achar serem tomados como o não deviam ser, isto é, sem certeza e averiguação de que fossem legitimamente cativos, devem, como ingênuos, ser logo havidos por livres.

23. Mas porque já nos tempos e termos presentes não têm os comerciantes modo e via de inquirirem e saberem ao certo a justa ou injusta escravidão dos cativos que tomam aos gentios, e o deixar-se esta negociação cedia em prejuízo das conquistas, pela indigência que têm deles as vivendas, lavouras e culturas para a sua fábrica e benefício, e a que todos temos para o nosso serviço e companhia, e os comércios, como necessários à humana sociedade, se devem favorecer quanto, sem detrimento das consciências, for possível; por isso pede a equidade que, omitido o rigor de direito com que em tal caso e termos se devia julgar o escravo por livre e a compra feita aos gentios por nula, se reduza esta aos termos lícitos de

---

30. *Ordenações Filipinas*, livro V, p.1.254.

redenção e se julgue o escravo por remido e por constituído em causa de penhor e retenção, para que sirva e obedeça a quem o possuir até lhe pagar ou compensar o seu resgate, na forma repetidas vezes explicada.

24. A qual equidade não é cerebrina, senão que é fundada na constante regra de que *o útil não é comprometido pelo inútil*; em comprovação da qual aponta a glosa a este texto muitos atos e disposições que, tomadas na sua extensão, eram – de rigor de direito – e se deviam julgar nulas e, contudo, reduzidas aos termos lícitos, foram e se julgaram válidas, como esclarecem, entre outros, Pegas[31] e Moraes.[32]

25. E isto é já o que basta na matéria para instrução dos comerciantes e possuidores destes ditos cativos africanos. E se alguns dos mesmos comerciantes e possuidores, depois de haver lido e entendido tudo o que até agora se expendeu, não acudir aos remorsos da sua consciência, com o remédio que se lhe tem descoberto e aplicado, achará mais este artigo contra si no processo da sua conta; onde se lhe fará carga da notícia da verdade que despreza e do erro que voluntariamente fica seguindo, e tema o que diz São Paulo em Hebreus (10:26): *Depois de termos recebido e conhecido a verdade, se a abandonarmos voluntariamente, já não haverá sacrifício para expiar este pecado.*

---

31. Pegas, *Resolutiones forenses practicabiles*, p.207-23.
32. Moraes, *Tractatus de executionibus instrumentorum et sententiarum*, livro 2, cap.12, p.289.

Quarta parte

Do que respeita ao sustento destes cativos

1. Deixada já, enfim, a causa e título de domínio com que até agora injusta e ilicitamente se possuíam os cativos de que se trata, e admitida a causa e título de penhor e retenção com que válida e licitamente, em um e outro foro, se podem daqui em diante possuir, como fica expendido; ainda que também se muda, de perpétua que era, em temporal que fica sendo, a servidão destes cativos; contudo, a respeito do mais, permanece ela sem alteração alguma, na mesma forma; e, por isso, enquanto eles existirem no poder de seus possuidores, a estes e a eles correm também – na mesma forma que até agora – as mútuas e recíprocas obrigações que há, e sempre houve, entre os senhores e os escravos.

2. Quais e quantas sejam estas, em breves palavras o explica São Paulo na Carta aos Colossenses (3:22): *Escravos, obedecei em tudo aos vossos senhores daqui da terra.* E mais adiante (4:1): *Senhores, tratai com justiça e equidade os vossos escravos;* devem os escravos obedecer em tudo o que for lícito a seus senhores, e devem os senhores, em tudo o que for justo, prestar aos seus

escravos. Mais especificamente compendiou estas obrigações o Eclesiástico (33:25), dizendo que aos escravos devem os senhores dar o sustento e a correção, assim como lhes dão também o serviço: *aos escravos pão, disciplina e trabalho*; entendendo-se por sustento, neste lugar, tudo quanto lhes for necessário para as indigências da vida, pois, na frase hebraica da Escritura, tudo isso se significa na palavra *pão*; como nota Nicolas de Lyra: *compreendido aí tudo o que é necessário à vida*;[1] e como reitera Cornélio a Lapide, quando acrescenta que, na frase hebreia, a palavra *pão* significa não somente o alimento necessário para a conservação do corpo, senão também a doutrina e educação necessárias para a vida do espírito, como ensina a sentença de Hebreus: *o que quer que seja necessário para sustentar a vida, o corpo e a alma*.[2]

3. E nesta conformidade, assim como na arca do Antigo Testamento, tinham os israelitas depositado, para o seu culto e observância, duas tábuas da lei, a vara e o maná, como diz São Paulo (Hebreus, 9:4);[3] assim, no arquivo da sua lembrança, devem os possuidores destes cativos conservar repostas e ter bem assentadas em seu ânimo, para a execução, as mesmas antigas e principais obrigações que lhe correm de prestar a seus escravos, com o sustento figurado no maná, com o castigo figurado na vara e com a doutrina figurada e compreendida nas tábuas.

4. Quanto à primeira, é constante e geral regra de direito que quem se serve ou usa das obras de alguém, está obrigado a alimentá-lo, como refere Cordub e Gratian;[4] logo, enquanto

---

1. Ludolphus de Saxonia, *Vita Jesu Christi: E quatuor evangeliis et scriptoribus orthodoxis concinnata*, p.170.
2. A Lapide, *Commentaria: In Quatuor Evangelia: In Duo Volumina Divisi*, t.1, v.8, p.164.
3. "Estavam aí o altar de ouro para o incenso e a arca da aliança, toda recoberta de ouro, na qual se encontrava uma urna de ouro que continha o maná, o bastão de Aarão que tinha florescido, e as tábuas da aliança."
4. Gratiani, *Disceptationum forensium judiciorum*, t.2, p.275

os cativos de que se trata existirem no poder e sujeição de seus possuidores, claro é que eles os devem manter e sustentar. Confirma-se isso no *Digestum Vetus sev Pandectarum Juris Civilis*, onde se dispõe que, redibindo ou enjeitando o comprador o escravo a quem lho havia vendido não lhe poderá pedir as despesas que interinamente fez na sua sustentação, e assina o texto por razão o haver existido o tal escravo no seu serviço e ministério: *Aristóteles pensa que não se deve cobrar do comprador a alimentação que se deu ao escravo, já que não se pode exigir nada pelo tempo que o escravo esteve sob o seu serviço;*[5] e a glosa ao mesmo texto cita a outros mais em comprovação da mesma resolução.

5. Mais se confirma esta de que, entre as muitas querelas ou ações cíveis que as leis permitem aos escravos contra seus senhores e possuidores, é uma a de lhe não darem como devem o sustento e vestuário condigno e necessário, como explica Arouca: *E isso tu reconheces pelos queixumes deles. São muitos os casos sobre as reclamações dos escravos contra os senhores, muitos pedindo alimentos e vestes dignas; porque concedendo o direito ação, bem por isso supõe obrigação; daí a obrigação ser a mãe da ação.*[6]

6. E para que esse sustento e vestuário seja suficiente e condigno, onde os escravos forem muitos, dispõem também as leis que se atenda à qualidade e graduação de cada um, como é expresso no *Digestum Vetus sev Pandectarum Juris Civilis*: *O proprietário deve alimentar e vestir condignamente os seus escravos, seguindo a hierarquia que os talentos estabelecem entre os mesmos;*[7] de sorte que, por direito, aos escravos rurais, como, por exemplo, os das roças, fazendas e engenhos, basta que se dê sustento e vestuário suficiente, posto que seja mais grosseiro; mas aos escravos domésticos do serviço e companhia dos senhores e possuidores, o sustento e o vestuário já devem ser

---

5. *Digestum Vetus sev Pandectarum Juris Civilis*, t.1, p.1.976.

6. Arouca, *Adnotationes practicae*, t.1, p.380.

7. *Digestum Vetus sev Pandectarum Juris Civilis*, t.1, p.892.

122 *Etíope resgatado, empenhado, sustentado, corrigido, instruído e libertado*

mais competentes e mais dignos e, por conseguinte, menos grosseiros.

7. Nesta conformidade se entende o dito texto, segundo expende a glosa citada por Gratiani: *Ulpiano manda alimentar e vestir suficientemente o escravo de acordo com a sua ordem e dignidade. Compreendendo-se tal dignidade como para melhor condição e opinião, não, porém, para a honra pública, visto que o escravo dela não pode usar;*[8] e à vista disto, muito mal cumprem com a sua obrigação aqueles possuidores de escravos que os trazem sem mais vestido que algum fragmento velho e, ainda esse, tão diminuto que, de todo o corpo, apenas lhe cobre aquelas partes que o pejo natural e vergonha própria os ensina a desviar. e recatar da vista alheia.

8. Por Isaías (58:7),[9] manda Deus que cubramos os despidos e não desprezemos a quem é da nossa carne: *Vestir uma roupa naquele que encontras nu e jamais tentar te esconder do pobre teu irmão;* e este preceito fala também a respeito dos escravos e domésticos, como leem os Setenta: *não desprezais os domésticos;* de sorte que, para este efeito, o corpo do escravo, ou doméstico, é como parte do corpo do senhor; e, por isso, assim como se envergonharia o senhor se ele próprio aparecesse na rua tão malvestido, assim se deve envergonhar de que nessa forma seja visto o seu escravo, porque tudo vale o mesmo, como profundamente veio a dizer São João Crisóstomo referido por Salazar: *Aqueles que permitem que seus escravos andem indecorosamente nus e com roupas velhas e rasgadas são afetados com parte da desonra de seus corpos;*[10] concordando com o dito de Aristóteles: *o escravo não somente é destinado ao uso do senhor, mas é parte deste.*[11]

---

8. Gratiani, *Disceptationum forensium judiciorum*, t.1, p.261.

9. "Não será repartir tua comida com quem tem fome? Hospedar na tua casa os pobres sem destino?"

10. Salazar, *Expositio in proverbia Salomonis*, p.517.

11. Aristote, *La Politique*, p.60.

Quarta parte   123

9. No tempo da enfermidade ainda é maior a obrigação de agasalhar, sustentar e curar cada um os seus escravos, porque então é também maior a necessidade que eles têm; aqueles senhores que os deixam à revelia, entregues ao rigor dos males e cometidos somente à providência da natureza, muito desamparados estão já da graça e amor de Deus, pois, como diz São João (Epístola 1:3,17), quem fecha as suas entranhas para que lhe não entre a compaixão do próximo que vê necessitado, de nenhum modo pode habitar nele a divina graça: *Se alguém possui riquezas neste mundo e vê o seu irmão passar necessidade, mas diante dele fecha o seu coração, como pode o amor de Deus permanecer nele?*

10. Além disto, o direito civil impõe graves e condignas penas aos possuidores de escravos que faltarem e se descuidarem destas suas obrigações, pois, aos que lhe não acudirem com os alimentos e medicamentos necessários na enfermidade e nela os desampararem, lhes tira totalmente o domínio, ordenando que fiquem forros, como expõe e prova Arouca: *Pois se estiver fraco ou doente o escravo com o qual o senhor se mostrou negligente, imediatamente se torna livre, com base no edito do divino Cláudio;*[12] e que quando fora da enfermidade lhe faltarem com o sustento, fiquem os escravos como vagos, *propriedade de ninguém;* e deles se possa senhorear quem primeiro os apreender, pelo direito da primeira ocupação; e prossegue Arouca: *Se, porém, o escravo que o senhor tratar negligentemente não estiver doente nem tiver sido exposto quando criança, mas apenas sem alimentação, imediatamente deixará de ser do senhor, e diz que se torna do ocupante.*[13]

11. Se bem que depois se corrigiu esta última parte, determinando-se que, desamparando o senhor o escravo, ou seja, na enfermidade ou fora dela, ou por qualquer dos outros modos declarados em direito, automaticamente em todo o caso fiquem livres, como explica a glosa do *Digestum Vetus sev Pandectarum*

---

12. Arouca, *Adnotationes practicae*, t.1, p.129.

13. Ibidem.

124 *Etíope resgatado, empenhado, sustentado, corrigido, instruído e libertado*

Juris Civilis e com ela Arouca: *Nem vamos dizer outras coisas. Essas leis foram corretas, e o edito do divino Cláudio, que versa apenas sobre os fracos, sem manumissão estende-se diretamente a todos os escravos negligenciados; de modo que se tornam livres por esse próprio motivo imediatamente;*[14] e é certo que as disposições do direito comum procedem também no nosso reino, como podemos constatar nas *Ordenações do Reino;*[15] maiormente quando as suas leis outra coisa não determinam.

12. E passando destas às leis divinas, a obrigação de sustentar e vestir os escravos se compreende no quarto preceito ou mandamento da lei de Deus, que os católicos professamos, o qual manda honrar pai e mãe, porque assim como por pai e mãe não somente se entendem os que o são naturalmente por via de geração, senão também os que o são civilmente por via de possessão; assim, e do mesmo modo, por filhos não somente se entendem os gerados, senão também os possuídos, e isso por qualquer título cível que o sejam, como é por familiares, por domésticos, por servos ou por escravos; e a obrigação, assim como é recíproca dos pais para os filhos, também o é dos senhores para os escravos. De sorte que, assim como os filhos e escravos estão obrigados por força deste preceito a socorrer, reverenciar e obedecer a seus pais e a seus senhores, assim também os pais e senhores estão obrigados a dar-lhes a todos o sustento, o vestido e a doutrina.

13. Nisto assentam sem discrepância todos os teólogos na explicação deste dito quarto preceito ou mandamento da lei de Deus, entre os quais Navarro[16] e Abreu;[17] e se prova das palavras do Eclesiástico já acima transcritas: *ao servo, pão, disciplina e trabalho;* e das outras de São Paulo também acima transcritas: *Senhores, tratai com justiça e equidade os vossos escravos.* O mesmo São Paulo, escrevendo a Timóteo e recomendando-lhe

---

14. Ibidem.

15. *Ordenações Filipinas*, livro III, p.663-4.

16. Navarro, *Manual de confessores e penitentes*, p.131.

17. Abreu, *Institutio parochi seu speculum parochorum*, p.395-6.

o repreender, entre outras, a falta de observância destas obrigações, chama aos seus transgressores piores que infiéis e negativos da fé e lei que professam (Epístola I, 5:8): *Quem não cuida dos seus e, principalmente, dos de sua casa renegou a fé e é pior que um infiel*; o que se entende que negam a fé nas obras e que nas obras são piores que infiéis, como explicam os expositores, entre os quais Baptista Du-Hamel[18] nos seus comentários; a razão é clara porque os infiéis, faltando à obrigação de sustentarem e vestirem seus filhos, escravos, servos e domésticos, somente obram contra o direito natural, que é a sua única lei; mas os cristãos, faltando a ela, não somente obram contra o direito natural e contra as leis humanas, senão que também obram contra o preceito e lei divina que professam, e por isso nas obras piores são do que eles.

14. Àqueles que negam a fé e lei que professam, também se mostra que a lei que professamos toda é fundada no amor de Deus e do próximo, e são tão conexos e inseparáveis um e outro amor, que quem não ama ao próximo não ama a Deus; de sorte que São João Apóstolo e Evangelista, na sua primeira Epístola (4:20), chama mentiroso a quem disser que ama a Deus, não amando ao seu próximo, porque quem não ama o próximo, que continuamente tem diante dos seus olhos, mal pode amar a Deus, que está oculto e encoberto à sua vista: *Se alguém disser: Ama a Deus, mas odeia o seu irmão, é mentiroso; pois quem não ama o seu irmão, a quem vê, não poderá amar a Deus, a quem não vê.*

15. E como os senhores e possuidores de escravos que lhes não dão o sustento nem o vestuário, nem os curam e tratam nas enfermidades, não amam ao seu próximo por obra, pois com as obras é que o próximo se deve amar, como diz o mesmo São João (3:18): *Filhinhos, não amemos só com palavras e de boca, mas com ações e de verdade*; segue-se que nem ao próximo nem a Deus amam, e, por conseguinte, negam a base e fundamento

---

18. Du Hamel, *Biblia Sacra Vulgatae Editiones*.

da mesma lei que professam. E não cuidem alguns que satisfazem essa dita obrigação com lhe deixarem livres os domingos e dias santos, porque ainda este é erro pior que o primeiro, pelo mais que lhe acresce de darem com isso ocasião aos escravos de faltarem nesses dias ao preceito da Igreja; e neste ponto, basta que ouçam ou leiam a Constituição do arcebispado, geralmente recebida e mandada observar nele e em todos os bispados sufragâneos, a qual, no n.379, diz o seguinte:

16. *Não é menos para estranhar o desumano e cruel abuso, e corruptela muito prejudicial ao serviço de Deus, e bem das almas, que em muitos senhores de escravos se tem introduzido; porque aproveitando-se toda a semana do serviço dos miseráveis escravos, sem lhes darem coisa alguma para seu sustento, nem vestido com que se cubram, lhe satisfazem esta dívida fundada em direito natural, com lhes deixarem livres os domingos e dias santos, para que neles ganhem o sustento e o vestido necessários. Donde nasce que os miseráveis servos não ouvem missa, nem guardam o preceito da lei de Deus, que proíbe trabalhar nos tais dias. Pelo que para desterrar tão pernicioso abuso contra Deus, e contra o homem, exortamos a todos os nossos súditos; e lhes pedimos pelas chagas de Cristo nosso Senhor, e Redentor, que daqui em diante acudam com o necessário aos seus escravos, para que assim possam observar os ditos preceitos e viver como cristãos. E mandamos aos párocos que com todo o cuidado se informem, e vejam se continua este abuso, e achando alguns culpados, e que não guardam esta Constituição, procederão contra eles na forma do decreto antecedente no n.378.*[19]

17. Este n.378, no final, ao qual se refere neste lugar a Constituição, diz assim: *E o que fizer o contrário o pároco o condenará pela primeira vez em dez tostões, pela segunda, em dois mil réis, e pela terceira, em quatro mil réis aplicados para a fábrica do corpo da Igreja; e perseverando na contumácia, fará logo aviso ao nosso vigário geral, para proceder como for justiça: e contra o pároco que não der à*

---

19. *Constituições primeiras do arcebispado da Bahia*, p.151-2.

execução este decreto, se procederá com todo o rigor.[20] E no n.380 lemos: *As mesmas penas haverão, e se procederá do mesmo modo contra os lavradores de canas, mandiocas e tabacos, consentindo que seus negros e servos trabalhem nos domingos e dias santos publicamente, fazendo roças para si, ou para outrem, pescando, ou descarregando barcas, ou qualquer outra obra de serviço proibido nos tais dias; salvo havendo urgente necessidade e pedindo-se para isso – como dizemos em outro lugar – licença.*[21]

18. De sorte que o domingo devem os senhores deixar livre aos escravos, não para ganharem o sustento do corpo, senão para receberem o pasto espiritual da alma; para irem à missa de manhã e para, no resto do dia, aprenderem a doutrina cristã; e isto é o que Deus manda, o que a Constituição ordena e o que Sua Majestade tem recomendado com severas insinuações, como consta de uma carta de 7 de fevereiro de 1698, registrada na Secretaria do Estado, que diz o seguinte: *Sou informado que não basta o cuidado dos prelados, nem os provimentos que deixam nas visitas, para que algumas das pessoas poderosas dessa capitania guardem os dias santos da Igreja, como devem os cristãos; e que também neles não dão a seus escravos o tempo necessário para assistirem nas igrejas e aprenderem a doutrina cristã. E ainda que esta matéria pertence à obrigação dos bispos; vos ordeno, que procureis ajudá-los, para que as suas ordens se executem neste particular, e que pela vossa parte façais tudo o que puderes para que se evite este escândalo e prejuízo das almas dos pobres escravos: e quando desta advertência não resulte a emenda necessária, me dareis conta, para que eu possa passar à demonstração de castigo, que for servido dar-lhes. Esta matéria vos hei por muito recomendada, e mandareis registrar esta carta nos livros dessa secretaria, para que todos vossos sucessores a deem à sua devida execução.*

19. E quanto a outros possuidores de escravos que por essas fazendas, engenhos e lavras minerais lhes deixam livre o

---

20. Ibidem, p.151.
21. Ibidem, p.152.

dia do sábado, para nele adquirirem o sustento e o vestido, cuido que ainda isto não os desobriga, e que nem o devem, nem o podem praticar; porque como, moralmente falando, é impossível que em um só dia adquiram os pobres pretos com que passar todos os sete da semana, o negócio se reduz aos termos de lhes darem nela o tal dia, para furtivamente o haverem; e ainda que a necessidade do escravo poderá ser algumas vezes tal que o escuse de pecado; não sei, contudo, que deixem ficar ligados nele estes seus possuidores, porque a obrigação não é de lhes darem tempo, senão de lhes darem especificamente o sustento; e não somente o sustento, senão também o vestido e tudo o mais necessário para viverem; e isso não de qualquer sorte, senão com proporção e abastança, como diz São Paulo: *Senhores, tratai com justiça e equidade os vossos escravos;* e segundo acrescenta São João Crisóstomo, há de ser de sorte que não necessitem de outro algum adjutório de terceira pessoa: *Ora, o que exigem a justiça e a equidade? Exigem que não deixes faltar nada aos teus serviçais; exigem que não permitas que eles recorram a terceiros para suprir as suas necessidades e que os recompense de acordo com os serviços que prestam.*[22]

20. E o darem aos escravos o sábado para tudo adquirirem é tapar-lhes com isso a boca para que se não queixem, por lha não poderem diretamente tapar, para que não comam; quando para que não fossem comer o pão alheio e furtado, deviam e devem tapar-lha com o próprio diariamente repartido; isto é, devem dar-lhes suficiente ração de farinha, com seu conduto, e não ração de tempo, porque o tempo não é alimento e coisa comestível; e é certo que, quem tem de pagar alguma dívida para ficar exonerado de todo, não há de dar uma coisa por outra, ou a estimação dela ao seu credor, como é expresso por Vinnii, que, comentando as palavras *Toda obrigação se extingue pelo pagamento daquilo que é devido,* diz: *O que é devido não comporta dúvida, pois outra coisa no lugar daquilo que*

---

22. Chrysostome, *Œuvres complètes*, t.11, p.158.

é devido não é aceita por um credor indisposto; por exemplo, se em lugar do dinheiro devido, outra espécie de pagamento for imposta ao credor ou, se em vez da espécie devida, for oferecida outra espécie ou outro valor da espécie devida.[23]

21. Além disto, o sustento é o jornal dos escravos, como diz Aristóteles: *o salário do escravo é sua alimentação;*[24] e, por esta conta, o não dar o sustento aos escravos tanto monta como não pagar o jornal aos que trabalham, que é o quarto dos pecados que clamam ao Céu vingança, que por isso com maior severidade os castiga Deus nesta e na outra vida. E para não incorrer na sua divina indignação, deve cada um dos possuidores de cativos seguir proporcionalmente o exemplo daquela forte heroína decantada nos Provérbios (31:15), a qual, ainda antes de sair à aurora, já se achava a pé dispondo e repartindo o sustento de todo o dia, que logo entregava a cada um dos seus escravos e escravas, quando pela manhã lhes consignava a todos a tarefa: *Ela se levanta, ainda noite, para dar alimento aos criados e sustento às empregadas.*

22. E ultimamente esteja certo de que, assim como os senhores têm os olhos nas mãos dos escravos para que trabalhem e os sirvam, também os escravos têm os olhos nas mãos dos senhores, para que os sustentem, vistam e tratem nas enfermidades; e que tão fitos os têm nelas, esperando a sua compaixão, que Davi os tomou para exemplificação do quanto temos ou devemos ter os nossos nas mãos de Deus, esperando a sua divina misericórdia, como se vê no Salmo (123:2): *Assim como os olhos dos escravos olham para a mão dos seus patrões; como os olhos da escrava olham para a mão da sua patroa, assim nossos olhos estão voltados para o Senhor nosso Deus, até que tenha piedade de nós.*

---

23. Vinnii, *In quatuor libros Institutionum imperialium commentarius academicus & forensis. Editio postrema, authoris notis, anteà seorsim impressis, aucta, titulorum concordantiis & paragraphorum summulis adornata, à mendis purgata, adeoque emendatissima,* t.2, p.247.

24. Aristóteles, *Econômicos,* p.12.

23. E nesta conformidade, se queremos que Deus se compadeça das nossas indigências, necessário é que também tenhamos compaixão das necessidades destes cativos, que são nossos parceiros a seu respeito, como falando neste mesmo ponto diz São Paulo (Colossenses, 4:1): *Senhores, tratai vossos servos com justiça e igualdade. Sabeis perfeitamente que também vós tendes um Senhor no céu*, pois o servo que se não compadece dos seus conservos, também não merece que dele se compadeça o Senhor de todos; como insinuou por São Mateus (18:33): *devias tu também ter compaixão do teu companheiro*. E não obsta que sejam negros, rudes e malévolos, porque, uma vez que estão destinados ao nosso serviço e têm os olhos nas nossas mãos, devemos acudir-lhe com o sustento e misteres da vida, a seu tempo.

24. Negros são os corvos, rudes, os jumentos, e malévolos, os brutos; mas porque todos são do serviço de Deus, para os fins a que ele os destinou, todos têm os olhos nas suas mãos, esperando o de que necessitam, como diz Davi, no Salmo 104 (27): *Todos de ti esperam que a seu tempo lhes dê o alimento*; e por isso o mesmo Senhor a todos acode com sua divina providência; como também diz no Salmo 147 (9): *Fornece alimento para o gado, e para os filhotes do corvo que grasnam*; e no Salmo 136 (25): *Dá alimento a todo ser vivo.*

25. Demos-lhe, pois, tudo, e seja com abundância, que talvez o mesmo será abrirmos bem as mãos para o seu cômodo, que abrirão eles melhor os olhos para o nosso serviço. Sejamos liberais com estes maus cativos, para que ao menos por este meio sejam e se façam bons; pois até aos brutos maus enche de bondade o dar e ser liberal com eles, como prossegue Davi no dito Salmo 104 (28): *Tu fornece-lhes e eles o recolhem, abres a tua mão e saciam-se de bens.*

Quinta parte

Do que respeita à correção

1. Quanto a esta segunda obrigação, não há dúvida de que devem os possuidores destes cativos corrigir e emendar-lhes os seus erros quando tiverem já experiência de lhes não ser bastante para esse efeito a palavra, porque se o escravo for de boa índole, poucas vezes errará, e para emenda delas bastará a repreensão; mas se for protervo, ou travesso, continuadamente obrará mal e será necessário, para o corrigir, que a repreensão seja acompanhada e auxiliada também com o castigo.

2. Nesta conformidade, permitem as leis humanas a correção, emenda e castigo dos servos, dos escravos e dos domésticos: *castigos proporcionais às suas faltas, a fim de que aqueles que não foram levados a adotar uma vida honesta pelos bons exemplos domésticos, sejam constrangidos a fazê-lo pela correção;*[1] e nesta conformidade se entende também proceder à obrigação de corrigir os domésticos, os servos e os escravos, involuta no quarto

---

1. *Les douze livres du code de l'empereur Justinien*, v.12, p.51.

preceito da lei divina, como explicam os teólogos, entre os quais Navarro[2] e Abreu.[3]

3. Quanto seja louvada esta correção, disciplina e castigo cristão, é ponto difuso, longo e extenso, cuja exposição nos não permite o ligeiro passo que levamos neste discurso. Na homilia *Das vantagens da disciplina*, Santo Agostinho, o Santo Doutor, entre outros elogios, chama-lhe mestra da religião e mestra da verdadeira piedade: *A disciplina é a mestra da religião e da verdadeira piedade*; porém, acrescenta logo e declara que fala da disciplina e correção prudente, que nem escandaliza com a repreensão, nem ofende com o castigo: *suas correções não têm o propósito de ferir e seus castigos não visam causar dano;*[4] e por isso, para que o castigo dos escravos seja pio e conforme à nossa religião e cristandade, é necessário que se ministre com prudência, excluídas todas as desordens que, no seu uso, muitas vezes podem intervir, para o que deve ser bem ordenado quanto *ao tempo*, bem ordenado quanto *à causa*, bem ordenado quanto *à qualidade*, bem ordenado quanto *à quantidade* e bem ordenado quanto *ao modo*.

4. Primeiramente, para o castigo ser bem ordenado quanto *ao tempo*, não se deve ministrar logo que o escravo fizer o erro ou cometer o delito; é necessário algum intervalo maior ou menor, conforme a gravidade do caso, para atender às circunstâncias ocorrentes; e a razão é porque a deformidade do erro, ou do delito, naturalmente altera os espíritos, e alterados estes, se comove logo a ira, como explica Abreu;[5] e o castigo não se deve ministrar com cólera e furor, senão com brandura e caridade e, por isso, é necessário esperar que os espíritos sosseguem e que a turbação movida pela cólera se serene, que isto é o que São Paulo chama dar lugar à ira (Romanos 12:19): *cedei o passo à ira de Deus*, pois em outra forma o furor

---

2. Navarro, *Manual de confessores e penitentes*, p.131.

3. Abreu, *Institutio parochi seu speculum parochorum*, p.396.

4. Augustin, *Œuvres complètes de Saint Augustin*, t.23, p.242-3.

5. Abreu, op. cit., p.457-8.

Quinta parte 133

com que o senhor castiga provoca também a ira do escravo castigado, e, desordenada a correção, em vez de ser a que Deus manda, fica sendo a que o demônio influi.

5. Por isso, o mesmo São Paulo (Efésios, 6:4), falando neste ponto, aconselha que os filhos de tal sorte sejam educados e castigados que, juntamente, não sejam provocados, chamando ao castigo assim acautelado, disciplina e correção de Deus: *E vós, pais, não provoqueis revolta nos vossos filhos; antes, educai-os com uma pedagogia inspirada no Senhor;* e Batista Du-Hamel, em suas anotações, comenta: *não agir impulsivamente ou movido pela ira de castigar,*[6] donde fica claro que o castigo dado imediatamente, quando o filho ou escravo erra, pela desordem do tempo, fica pervertido, de sorte que já não é ensino, senão vingança; não é zelo, senão ira; e, enfim, não é disciplina e correção de Deus, senão que é correção e sanha do demônio.

6. E não vem em consideração o dizerem alguns destes possuidores de escravos que se os não castigarem imediatamente, enquanto não esfria o calor da cólera, menos os castigarão depois de extinta ela; dando por razão que a experiência lhes tem mostrado que, passado aquele primeiro furor e indignação, perdoado vai o erro ou o delito do escravo, por não estar já então em seu ânimo tornar-se a alterar novamente para o castigo, porque isso é dar por desculpa outra culpa, e é confessar de plano que neles não obra, nem pode obrar, o racional, e que somente obra, e pode obrar, o sensitivo. Saibam, pois, que a mansidão compreende em si dois atos, que são reprimir a ira, quando for desordenada, e excitá-la, quando for conveniente; e eis aqui o que em tais termos devem seguir: reprimir os primeiros motos e furor da cólera, mas não a deixar esfriar tanto de todo, que tire o ânimo de castigar.

7. Nos Provérbios (13:24) se diz que quem ama o filho a cada passo o corrige com o castigo: *Quem poupa a vara, odeia seu filho; quem o ama, corrige-o prontamente;* e conforme a raiz hebreia:

---

6. Du Hamel, *Biblia Sacra Vulgatae Editiones*, p.456.

quem ama seu filho, logo de madrugada o castiga. Os rabinos, fundados nesta versão, entendida por eles em sentido errado, ensinavam que os pais logo de manhã deviam açoitar seus filhos, para que a lembrança do castigo matutino lhes fizesse esquecer as travessuras diurnas. O sentido, porém, mais vulgar e comum exposição deste texto, é que, logo na puerícia – que é a aurora ou madrugada da vida –, devem os pais, amantes de seus filhos, tratar de os corrigir e castigar, pois não é negócio este de pouca importância, para que se possa diferir para a tarde, senão que, para ter bom êxito, deve ser procurado logo de manhã, e de manhã muito cedo. Jansênio, mais ao intento, diz que este castigo se deve reservar para a madrugada, porque a esta hora se acham os humores sossegados, temperadas as paixões e pacificado igualmente o ânimo dos pais, e que por isso é bem ordenado tempo este da madrugada, para que nem o castigo seja diminuto, nem também seja excessivo.

8. Boas, inegavelmente, são estas ditas exposições; porém, cuido que a madrugada de que ali se fala não é a natural do dia, senão a metafórica da razão; porquanto, a cólera verdadeiramente é noite do entendimento, pois, assim como a noite natural, segundo escreve Bluteau, *é prejudicial,* por impedir que exercitem os olhos o seu natural ofício, que é ver; assim, também a cólera, por impedir que o entendimento exercite o seu natural ofício de conhecer e raciocinar, é para ele a sua noite. E assim como a noite tem quatro partes, que são as quatro vigias, em que a dividiram os romanos, assim também a paixão da cólera tem quatro termos, em que dividem os físicos as suas crises, que são: princípio, correspondente à primeira vigia; aumento, correspondente à segunda; declinação, correspondente à terceira; e fim, correspondente à quarta.

9. O que posto, o dizer do texto na raiz hebreia, que o pai que ama o filho procura castigá-lo de madrugada, vale o mesmo que dizer que o pai não castiga o filho que ama enquanto a cólera está no princípio, nem enquanto está no aumento ou

Quinta parte

135

na declinação, senão quando se acha já finalizando; porque já então as últimas sombras desta noite se despedem e vem outra vez raiando e subindo a aurora e luz da razão. E isto mesmo é o que devem seguir os possuidores de escravos que confessam não poderem castigar sem cólera. Não o façam logo no princípio dela; esperem, sim, que decline e que vá já chegando-se ao fim; de sorte que o crepúsculo, ou resto dela, apenas lhes sirva de brando estímulo para entrarem no castigo, e não lhes sirva de impulso violento para o executarem; que esta, no sentido em que falamos, parece ser a energia daquelas palavras do texto: *repreender precocemente;* as quais denotam ação obrada com advertência e conhecimento, e não com violência e precipitação.

10. Em segundo lugar, para o castigo ser bem ordenado *quanto à causa, é* necessário que preceda a culpa, porque a culpa é a causa pela qual se dá o castigo, como diz Santo Agostinho;[7] e como não pode haver efeito sem preexistência da causa, não pode haver castigo bem ordenado onde não precedesse culpa; como são expressos no Código de Direito Canônico.[8]

11. Donde vem que, se o escravo não der causa, pecado será castigá-lo; e pecado abominável nos olhos de Deus, como diz Salomão nos Provérbios (17:15): *Aquele que absolve o ímpio e o que condena o justo, ambos são abomináveis diante do Senhor.* A boa ordem pede que se condenem os delinquentes e que se absolvam os que não têm culpa: logo, assim como é grande desordem deixar de castigar a quem dá causa errando ou delinquindo, também igual desordem é castigar a quem, nem errando, nem delinquindo, deu causa alguma para o castigo; e como a desordem é igual nos olhos divinos é também igual a abominação, como vem dito no mesmo texto: *são abomináveis diante do Senhor aqueles que absolvem o ímpio e os que condenam o justo.*[9]

---

7. Augustin, *Œuvres complètes de Saint Augustin,* t.2, p.20.
8. João Paulo II, *Código de Direito Canônico (Codex Juris Canonici),* p.583.
9. A Lapide, *Commentaria: in quatuor evangelia: in duo volumina divisi,* t.1, v.8, p.164.

136 *Etíope resgatado, empenhado, sustentado, corrigido, instruído e libertado*

12. Antigamente tinham os romanos direito de vida e morte sobre os escravos e podiam, conforme as suas leis, castigá-los sem causa alguma, como refere Justiniano;[10] porém, o mesmo Justiniano, conformando-se com outras constituições de seus predecessores, ab-rogou este jus e desterrou do seu império este abuso, esta desordem e essa excessiva crueldade: *Porém, hoje, nenhum dos súditos do nosso império pode, sem um motivo reconhecido pelas leis, exceder-se contra os seus escravos.*[11]

13. Nas fazendas, engenhos e lavras minerais, ainda hoje há homens tão inumanos que o primeiro procedimento que têm com os escravos e a primeira hospedagem que lhe fazem, logo que comprados aparecem na sua presença, é mandá-los açoitar rigorosamente, sem causa que a vontade própria de o fazer assim, e disto mesmo se jactam aos mais, como inculcando-lhes que só eles nasceram para competentemente dominar escravos e serem deles temidos e respeitados, e se o confessor ou outra pessoa inteligente lho estranha e os pretende meter em escrúpulo, respondem que é lícita aquela prevenção, para evitar que os tais escravos no seu poder procedam mal e para que, desde o princípio, se façam e sejam bons; e que uma vez que são seus, entra a regra de cada um poder fazer do seu o que mais quiser, na forma que entender.

14. Saibam pois estes senhores, ou possuidores de escravos, que esta teologia rural é o avesso da teologia cristã, porque a teologia cristã uniformemente segue por primeiro e indubitável princípio (Romanos, 3:8): *não faríamos o mal, para que daí resulte o bem;* e a sua teologia silvestre lhes dita às avessas, que podem fazer de presente mal, se lhes resultar dele bem para o futuro. Dita a teologia cristã que não é lícito dizer uma mentira leve, ainda que dela certamente se seguisse a conversão de todo o mundo; e dita a teologia agreste destes régulos que podem cometer a abominação e crueldade de castigar sem

---

10. *Institutes de l'empereur Justinien*, t.I, livro I, p.17.
11. Ibidem.

culpa o seu escravo, para que daí resulte o ser bom para o futuro, e isto sem terem certeza de que este efeito infalivelmente se consiga por tal meio; nem também saberem, ainda, se o novo escravo é já de presente certamente mau.

15. Saibam mais que a regra de direito, de que cada um pode fazer do que é seu o que quiser e lhe parecer, todos a sabem dizer, mas poucos são os que a entendem, pois procede somente nos termos de que cada um faça do seu aquilo que quiser, se aliás as leis lho não vedarem e proibirem; e as leis divinas e humanas, como fica dito, proíbem que se castiguem os servos sem precedência de causa. Esse abuso, além da sobredita abominação que tem nos olhos de Deus, envolvia prejuízos da república e continha injúria e desprezo da condição de pessoa humana, e a tudo isto atenderam as leis, para que reconheçam os senhores que, aqueles escravos a quem a desgraça meteu na sua sujeição, a natureza os constituiu no mesmo grau de igualdade com eles; como afirma Vinnii: *Com efeito, cada um é o único moderador e árbitro de seus bens. Este arbítrio é prescrito apenas pela lei; a fim de que, utilizando de suas fortunas privadas, não causem dano público. Incide aqui a condição de pessoa que, embora a fortuna tenha feito escravo, é um homem e está sujeito à mesma lei natural que o seu senhor.*[12]

16. Ouçam também, para sua confusão, o que a este intento disse Sêneca, sendo um gentio que não professava a lei de Deus; o qual, na Epístola 47, que escreveu a Lucílio, louvando-lhe a humanidade e a prudência com que tratava familiarmente os seus escravos, adverte que estes miseráveis, que a fortuna meteu debaixo da tua sujeição, escravos são, mas também são homens; servos são, mas conservos, e companheiros teus; não tanto são teus servos, como são amigos teus, posto que mais humildes: *Foi com prazer que ouvi*

---

12. Vinnii, *In quatuor libros Institutionum imperialium commentarius academicus & forensis. Editio postrema, authoris notis, anteà seorsim impressis, aucta, titulorum concordantiis & paragraphorum summulis adornata, à mendis purgata, adeoque emendatissima*, t.1, p.38.

dizer a pessoas vindas de junto de ti que vives com os teus escravos como se fossem teus familiares. Isso só atesta que és um espírito bem formado e culto. São escravos. Não, são homens. São escravos. Não, são camaradas. São escravos. Não, são amigos mais humildes. São escravos. Não, são companheiros de servidão, se pensares que todos estamos sujeitos aos mesmos golpes da fortuna;[13] e na mesma Epístola 47, prossegue: Olha que esse a quem chamas teu escravo, nasceu da mesma sorte, que também tu, sendo senhor, nasceste; goza do mesmo Céu, da mesma respiração, e da mesma vida que tu gozas; e enfim hás de ter a mesma morte, que também ele terá. *Pensa bem como esse homem que chamas teu escravo nasceu da mesma semente que tu, goza do mesmo Céu, respira, vive e morre tal como tu;*[14] somente lhe faltou dizer, olha que tem o mesmo Pai no Céu e teve o mesmo Redentor na terra, e com o preço do mesmo sangue de Jesus Cristo, tu e ele foram libertados da infame escravidão de Satanás.

17. Em terceiro lugar, para o castigo ser bem ordenado *quanto à qualidade*, não deve passar de palmatória, disciplina, cipó e prisão, porque as mais qualidades de suplício, no governo doméstico e econômico das famílias, são reprovadas e proibidas; e nesta conformidade, não podem os senhores espancar com grossos bordões os seus escravos, porque isto é crueldade e inumanidade. Em todos os lugares dos Provérbios já acima citados e transcritos, quando se fala no castigo dos domésticos, não se usa de outra palavra senão do nome *virga;* e este não significa bordões e varas grossas, senão que significa a palmatória e também as vergônteas das árvores, que são varinhas delgadas, como as de marmeleiro, de que se usa na Europa; ou como os cipós delgados, de que usamos no Brasil; e nisto mesmo veio a insinuar o Espírito Santo a proibição de se espancarem os domésticos com bordões ou com outros semelhantes instrumentos grossos e pesados.

---

13. Sêneca, *Cartas a Lucílio*, p.156.
14. Ibidem, p.158.

Quinta parte 139

18. Comparam alguns autores os filhos, os domésticos e os mais comensais de um pai de família bem governado, aos ramos novos das oliveiras, fundados naquelas palavras do Salmo 127, verso 3: *Os filhos são herança do Senhor, é graça sua o fruto do ventre;* e da oliveira, diz Plínio que, suposto seja necessário varejar-lhes os ramos novos, para no seguinte ano se emendarem e produzirem fruto, contudo, não se deve fazer esta diligência com varas e instrumentos grossos e pesados, senão com varinhas delgadas e leves, como as canas; e isto de sorte que não fiquem os ramos encontrados uns com outros ou entalados entre a vara e o tronco da oliveira, porque em outra forma quebram-se os ramos e atrasa-se a fecundidade para o futuro: *As oliveiras não devem ser nem socadas, nem batidas. Os que apanham azeitonas com correção, golpeiam com sutileza a árvore com uma cana, de modo a não ferir os ramos;*[15] e eis aqui o que devem imitar e seguir os possuidores dos escravos quando os castigam; fustigá-los com o cipó a varejar e não dar-lhes com o bastão a derrear; e se o varejo for ministrado com a palmatória, há de descarregar os golpes sobre a mão pendente, ou levantada no ar, e não sobre ela entalada e estendida no bofete.

19. Do mesmo modo, é reprovado no castigo de açoites sarjar depois deles ou picar as nádegas dos escravos, tomando a este fim o pretexto de se ordenarem semelhantes sangrias, a evacuar por esse modo o sangue que ficou pisado e se pode apostemar. Por certo que, transformados já em lobos e ursos, estão no meio desses matos, por essas fazendas, engenhos e lavras minerais, os homens – ou não homens – que tal fazem. Este furor, esta braveza, esta sanha e esta crueldade degenera de humana e passa já a ser ferina, pois, como bem reconheceu e disse o Sêneca: *Regozijar-se diante do sangue e das feridas é próprio dos animais selvagens.*[16] A mesma ou maior crueldade é,

---

15. Plinio Segundo, *Historia natural de Cayo Plinio Segundo*, t.2, p.63.
16. Sénequè, *Œuvres complètes de Sénèque le philosophe*, t.3, p.247.

140 *Etíope resgatado, empenhado, sustentado, corrigido, instruído e libertado*

findos os açoites, cauterizar as pisaduras com pingos de lacre derretido e o usar de outros semelhantes tormentos, que cada um desses monstros da soberba – raiz de todos os seus excessos – ideia e executa nos miseráveis servos.

20. Saibam, pois, que isto, e tudo o mais que inventar a sua crueldade, lhes está proibido por leis humanas e também pelas divinas; e que se não estende a tanto excesso o poder e o direito que têm na emenda e correção dos seus escravos; pelas humanas o diz e prova Arouca: *Disso, pois, procede que a servidão é uma sujeição contra a natureza; o direito que os senhores têm de corrigir os escravos inclui, para subjugar os renitentes, galhos, chicotes ou correntes: mas não porretes, pedras, veneno, garras de feras, ou fogo, ou algo ainda mais cruel, que excede a natureza dos homens;*[17] e pelas divinas o explicam os teólogos, que por difusos se não transcrevem.[18]

21. Em quarto lugar, para o castigo ser bem ordenado no que respeita *à quantidade,* ou extensão, deve-se proporcionar e medir pela maioria ou minoria da culpa, porque assim o determinam, ainda para o foro criminal punitivo dos delitos públicos, as leis de um e outro direito, dando ambos, por regra geral e primeiro princípio: *A pena deve corresponder à culpa, medir-se pelo delito.*[19]

22. Cinco vezes açoitaram os hebreus a São Paulo pelos crimes e delitos contínuos que imaginavam cometia na pregação da lei evangélica, e em nenhuma delas excederam o número e mensura de quarenta açoites; antes, por não chegarem a completá-lo, em cada uma lhe deram somente 39; como o mesmo santo refere em Coríntios II (11:24): *cinco vezes, recebi dos judeus quarenta chicotadas menos uma;* e a razão que tiveram para diminuírem foi porque, nas leis do Deuteronômio

---

17. Arouca, *Adnotationes practicae,* t.1, p.134.
18. Ver entre outros: Bonacinae, *Operum de morali theologia,* t.II, p.270; Trullench, *Bullae Sanctae Cruciatae expositio,* p.510; Diana, *Parnomitani, clerici, regularis,* p.268; Salmanticensis, *Cursos theologiae moralis,* livro VI, p.19 e 22.
19. João Paulo II, *Código de Direito Canônico (Codex Juris Canonici),* p.583.

Quinta parte 141

(25:2, 3), se dispunha que, pelo delito maior que se pudesse cometer, sendo daqueles que por sua qualidade eram puníveis com açoites, poderiam orçar até o número de quarenta, porém não o poderiam exceder: *Se o culpado merecer a pena de açoite, o juiz o fará deitar-se por terra e açoitá-lo em sua presença com um número de golpes proporcional ao delito. Não deverá sofrer mais de quarenta golpes, para que não suceda que, continuando a açoitá-lo além deste número, o irmão fique desonrado a teus olhos*; e por se não exporem ao perigo de exceder, elegiam antes o diminuir.

23. E isto é o que também os possuidores de escravos, proporcionalmente, devem observar a respeito da quantidade do castigo e, principalmente, nos açoites. Se o escravo merecer três dúzias, castigue-se com duas tão somente; e se merecer duas, basta que se castigue com dúzia e meia; e merecendo uma dúzia, comute-se e troque-se o castigo pela palmatória; de sorte que sempre do suplício merecido, depois de justamente comensurado com o erro ou delito, sempre se lhe diminua alguma parte, como os hebreus faziam e observaram com São Paulo, pois ainda que aquela lei do Deuteronômio, com todas as mais leis cerimoniais e judiciais, expiraram pela lei evangélica, como ensinam os teólogos, dentre os quais Navarro.[20]

24. Contudo, a doutrina que elas continham e a sua razão de decidir sempre persevera, como se deduz da carta de São Paulo (Romanos, 15:4): *Tudo o que outrora foi escrito, foi escrito para nossa instrução*; e também de Du-Hamel: *Isso, aliás, convém, e está escrito no Velho Testamento, para nossa utilidade e instrução.*[21] E nesta conformidade, devem-se arbitrar os açoites aos escravos, não aos duzentos, aos trezentos e quatrocentos, como se acha já tão usado nestas fazendas, engenhos e lavras minerais, que não somente passa este abuso sem se corrigir, senão que nem ao menos se estranha; antes agora se estranhará talvez o estranhar-se; devem-se, sim, arbitrar aos vinte,

---

20. Navarro, *Manual de confessores e penitentes*, p.53-4.
21. Du Hamel, *Biblia Sacra Vulgatae Editiones*, p.418.

aos trinta e aos quarenta; e bom conselho será que ainda os quarenta se não completem quando se punir o maior erro ou crime do escravo.

25. Pois ainda que a Lei e a *Ordenação do Reino*, conformando-se com a dita lei do Deuteronômio, prescreveu e consignou para os escravos o número de quarenta açoites: *Por tormento de açoites, que lhe serão dados, contanto que os açoites não passem de quarenta;*[22] contudo, assim como os hebreus dos quarenta ainda tiravam um, bem é que nós os cristãos tiremos ao menos seis ou sete, porque o vínculo do amor do próximo na lei evangélica ficou mais atado e apertado por virtude daquelas palavras de Cristo Senhor nosso (João, 13:34): *Eu vos dou um novo mandamento: amai-vos uns aos outros*; do que até então o fora na lei escrita por força das outras do Levítico (19:18): *Amarás o teu próximo como a ti mesmo.*

26. E por isso, se então era coisa torpe que, depois de castigado, aparecesse nos olhos do próximo o delinquente ferido com mais de quarenta açoites, como o Senhor ali lhes declarou (Deuteronômio, 25:3): *para que não suceda que, continuando a açoitá-lo além desse número, o irmão fique desonrado a teus olhos*; coisa indigna será agora entre nós que o nosso escravo, que é nosso irmão e nosso próximo, nos apareça e tenhamos ânimo de o ver punido com mais de trinta; que ter ânimo de o ver e nos aparecer com cem, duzentos, trezentos e quatrocentos, isto é desprezar as leis divinas, como infiel; não respeitar as humanas, como bárbaro; e seguir as da fereza e crueldade, como bruto.

27. Em quinto e último lugar, para o castigo ser bem ordenado *quanto ao modo*, é necessário que se não exceda este nem nas obras, e nem nas palavras. Nas obras, se excede fustigando-se os escravos pelo rosto, pelos olhos, pela cabeça e pelas mais partes irregulares; nas palavras se excede quando entre as expressivas da repreensão se misturam outras indutivas

---

22. *Ordenações Filipinas*, livro V, p.1.211.

de contumélia, de afronta e de maldição ou execração. Primeiramente, não devem os possuidores de escravos dar-lhes desatentadamente pela cabeça e pelas outras mais partes irregulares do corpo, porque se expõem ao perigo de lhes causar alguma deformidade perpétua no rosto e de lhes prejudicar nas mais partes gravemente a saúde e, talvez, a vida; e isto será obrarem mais como seus verdugos, do que como seus senhores; e será mais usar do poder domínico para os destruir, do que de castigo econômico para os emendar; e será fazer injúria aos escravos e tratá-los com aspereza e duramente.

28. O que tudo se acha proibido, tanto por lei humana, na Constituição Antonina inserta no texto: *se reconheceres que são tratados muito duramente ou de maneira infame, ordenai que sejam vendidos;*[23] como por lei divina, a qual ainda que falava somente dos escravos hebreus no tempo da lei escrita, contudo, por força do amor do próximo mais vinculado e apertado, na evangélica procede a respeito de todos e quaisquer escravos, como diz Vinnii, comentando a sobredita Constituição Antonina: *"Não oprimirás o escravo, não o dominarás com severidade (Levítico, 25)", diz a lei divina a respeito do escravo hebreu, que agora deve se estender a todos os escravos em virtude da força da semelhança.*[24]

29. E não somente é semelhante excesso repugnante às leis divinas e humanas, senão que também é próprio de brutos e feras irracionais; por isso, o Eclesiástico (4:35), repreendendo destes excessos aos senhores, lhes diz: *Não queirais ser como o leão, oprimindo os vossos domésticos e destruindo os escravos, ou sujeitos ao vosso poder;* no que parece, falava especificamente com estes senhores que os castigam desatentadamente, pois, assim como o leão investe e despedaça a presa, sem reservar cabeça, olhos e mais partes principais do corpo, antes talvez

---

23. *Institutes de l'empereur Justinien*, t.I, livro I, p.27.

24. Vinnii, *In quatuor libros Institutionum imperialium commentarius academicus & forensis. Editio postrema, authoris notis, anteà seorsim impressis, aucta, titulorum concordantiis & paragraphorum summulis adornata, à mendis purgata, adeoque emendatissima*, t.1, p.53.

144 *Etíope resgatado, empenhado, sustentado, corrigido, instruído e libertado*

por estas principia o seu furor, assim também o fazem eles descarregando os seus golpes e pancadas desumanamente por todo o corpo, sem exceção de parte alguma.

30. Mas o que daqui lhes resulta é a fuga dos escravos, assim lesos e ofendidos, os quais de tal sorte se ausentam, que rara vez voltam e aparecem, por mais diligência e cuidado com que os busquem, como cotidianamente sucede; cumprindo-se à risca o que também o mesmo Eclesiástico (33:32, 33) lhes prognosticou: *Se o tratares mal sem motivo, ele te fugirá; se, levantando-se, afastar-se de ti, não saberás por qual caminho procurá-lo;* e quando lhes não fujam, ficam com mais estes inimigos de porta adentro, porque os escravos, assim como, se os tratamos bem e com amor, ainda que os castiguemos para o seu ensino, sempre são nossos companheiros e bons amigos, como disse o Sêneca já acima transcrito, também, pelo contrário, se os tratamos bárbara e afrontosamente, de necessidade ficam sendo nossos domésticos-inimigos; não porque eles de sua vontade o queiram ser, senão porque nós com a má, que lhes mostramos, os fazemos, como o mesmo Sêneca também disse na dita Epístola 47: *Não, eles não o são, nós é que fazemos deles nossos inimigos.*[25]

31. E *quanto às palavras,* não devem os senhores, quando castigam os escravos, misturar entre as da repreensão outras injuriosas e de contumélia, chamando-lhes aqueles infames nomes, que assim como não cabem nos bicos da nossa pena, não deverão caber também nos lábios da sua boca; porque a repreensão dos servos, para ser reta, não deve ser injuriosa, como advertiu Platão: *O tratamento correto a ser dispensado aos escravos é comportar-se adequadamente em relação a eles e fazer-lhes justiça.*[26] Todos os meios devem ser proporcionados ao fim a que se ordenam; e se o meio é vicioso, como este de que falamos, mal pode por ele conseguir-se o fim virtuoso da emenda a

---

25. Sêneca, *Cartas a Lucílio,* p.156.
26. Plato, *Dialogues of Plato,* v.IV, p.293.

Quinta parte 145

que o castigo e a repreensão se ordenam; e cuido que neste sentido procede o dizer-se nos Provérbios (29:19) que não se pode doutrinar e ensinar os escravos com palavras: *O servo não pode ser corrigido por palavras;* entendendo-se do ensino feito com palavras más e afrontosas, e não do que se fizer com boas e doutrinais palavras, pois estas, claro é que são aptas para instruir e influir doutrina.

32. A boca que profere injúrias é como fonte ou veia de águas infectas de iniquidade; e a que profere palavras sinceras e justas é fonte de águas vivas e saudáveis (Provérbios, 10:11): *A boca do justo é fonte de vida, enquanto a boca dos ímpios encobre a violência;* e por isso, não da primeira, senão da segunda, é que podem os servos beber a virtude e doutrina da correção. No Eclesiástico (34:18) se diz que, trabalhando dois na mesma obra, um que a vá fazendo e outro que, sem demora, a vá logo desmanchando, ficam ambos com trabalho e nenhum deles com proveito: *Um edifica, o outro destrói; que proveito alcançam, senão a aflição?* E assim sucede na obra da correção e disciplina que fabricam estes senhores na qual trabalha a repreensão, edificando, e trabalha a injúria e afronta, destruindo; e o trabalho é enfim o que lhe fica, porém, baldado e sem proveito. Lancem, pois, fora da obra a injúria que destrói e deixem trabalhar somente a repreensão que fabrica e, logo, com feliz sucesso, sobressairá o edifício.

33. Além de que, a todas estas razões, deve prevalecer na consideração destes possuidores e injuriadores de seus escravos para a emenda na presente matéria, o ser pecado mortal proferir palavras injuriosas, afrontosas e tendentes a tirar e ofender a honra e bom nome do injuriado; e como os escravos também entre si podem ter sua honra e seu bom nome, por muitos títulos, como de fiéis, bem procedidos e semelhantes, segue-se que, quando os senhores lhes dizem palavras contrárias e destrutivas dele, e dessa sua tal ou qual honrinha, nisto mesmo lhe fazem afronta e injúria mortalmente pecaminosa, pois já nesses termos procede a explanação teológica

de Santo Tomás: *Ora, querer o mal ou empenhar-se em atraí-lo para outrem opõe-se diretamente à caridade, pela qual amamos o próximo, querendo-lhe o bem. É um pecado mortal por sua natureza, e tanto mais grave quanto mais a pessoa que amaldiçoamos tem direito ao nosso amor e respeito.*[27]

34. E se disserem que as proferem sem ânimo mau, ou sem plena deliberação, não é isso muito fácil de acreditar, pois, ainda que do interno somente Deus pode ao certo conhecer, contudo, no externo, têm contra si as regras em contrário, as quais ditam que tal se presume ser o ânimo e intenção do agente, qual o mostra ser o mesmo fato que obra, como explicam o direito e os autores citados por Barbosa;[28] quanto mais que neste lugar somente nos toca apontar a culpa, e não disputar e averiguar o concurso das circunstâncias que a possam escusar. O certo é que os escravos, quando os injuriam seus senhores com contumélias e opróbrios graves, tomam disso conhecida pena e alegam a seu favor que também têm alma como os brancos; e que Cristo Senhor nosso também padeceu e morreu por eles; e que nas igrejas, senhores e escravos, todos comungam na mesma mesa; e se nestes termos a cólera, ou outra alguma circunstância, livra os senhores do pecado, basta ser ponto dubitável e opinável para que ninguém nesta matéria se exponha ao perigo de pecar: *quem ama o perigo, nele perecerá*, como diz o Eclesiástico (3:27).

35. Menos devem os senhores e possuidores de escravos, nas ocasiões do castigo e fora delas, usar de pragas e maldições. Este vício, tão frequente e geral nestas conquistas, é muito repreensível e execrável, porque quem pragueja e lança maldições com ira e mau desejo ao seu próximo, diretamente se opõe à caridade que lhe deve; e, por isso, gravemente peca, como assevera São Tomás: *A maldição, de que tratamos agora, consiste em chamar o mal sobre alguém em uma palavra de ordem*

---

27. Tomás de Aquino, *Suma teológica*, v.VI, p.237.
28. Barbosae, *Thesaurus locorum communium jurisprudentiae*, t.1, p.421 e 440.

ou de desejo. *Ora, querer o mal ou empenhar-se em atraí-lo para outrem opõe-se diretamente à caridade, pela qual amamos o próximo, querendo-lhe o bem. É pecado mortal, segundo a sua natureza.*[29] E como aos escravos por domésticos e companheiros se deve ter maior caridade, porque são mais próximos que os estranhos, por isso as maldições e imprecações contra eles ainda são maior pecado.

36. Algumas vezes, em castigo de semelhante culpa, tem Deus nosso Senhor permitido o mesmo efeito que se impreca na conformidade do que diz o Eclesiástico (4:6): *Pois será ouvida a súplica de quem, amargurado, te amaldiçoar*; de cuja verdade há exemplos horrorosos, e tal é o que se refere no *Prado Espiritual*, § 92,[30] de uma mãe que, estando à mesa e sendo irritada de sua filha, lhe imprecou que tantos demônios lhe entrassem no corpo, quantas lentilhas tinha comido pela boca; o que imediatamente sucedeu, ficando a filha castigada pela culpa de impacientar sua mãe, e a mãe pela culpa de praguejar sua filha; a filha, sofrendo todos aqueles demônios, e a mãe, sofrendo a sua pena e mágoa que lhe causava e os enfados que lhe dava tão tremendo e aflitivo trabalho; o qual ultimamente cessou na cova de Santa Maria Madalena, onde a possessa foi levada e milagrosamente livre.

37. Do mesmo modo, foi livre outra mulher no sepulcro de São Pedro, a qual sendo menina e furtando uma escudela de leite a seu pai – que a achou com ela já na boca –, lhe dissera este que bebesse o leite e com ele o demônio, e com efeito o bebeu e trouxe no corpo desde menina até ser adulta, como refere Cesário;[31] à vista do que temam e tremam os praguejadores dos seus escravos, lhes não suceda o mesmo para seu castigo, pois melhor é que agora tomem exemplo do que já sucedeu a outros de pretérito, do que ao depois venham a

---

29. Tomás de Aquino, *Suma teológica*, v.VI, p.237.
30. Sanctoro, *Prado espiritual recopilado de autores antigos clarissimos e santos doutores*, p.56.
31. Caesarii, *Dialogus miraculorum*, p.293-4.

servir de escarmento aos mais para o futuro, e observem um documento tirado da doutrina de São Gregório, e vem a ser.

38. Quando repreenderem e castigarem estes cativos, seja sim o suplício condigno e proporcionado; porém, as palavras sejam sempre amorosas, e, pelo contrário, quando lhes fizerem algum bem ou benefício, usem então de palavras mais dominantes, para que, deste modo, sempre o amor, o poder e o respeito reciprocamente se temperem, de sorte que, nem os senhores, por rigorosos, deixem de ser amados, nem, também, por benévolos, deixem de ser temidos e respeitados, pois diz o santo doutor (São Gregório): *Aquele que comanda deve ser temido quando sorri e amado quando em fúria; para que nem alegria em demasia o torne vil, nem imoderada severidade, odioso.*[32]

39. E em nenhum caso os tratemos com amargura, com ira, com indignação, com gritarias e clamores e com pragas e blasfêmias, porque, enfim, estes cativos são irmãos e próximos nossos; com os quais, por isso, não podemos usar de semelhantes perversidades, que totalmente devemos lançar fora de nós, como diz São Paulo (4:31): *Desapareça do meio de vós todo amargor e exaltação, toda ira e gritaria, ultrajes e toda espécie de maldade.*

---

32. Gregorii, *Opera Omni*, p.279.

Sexta parte

Do que respeita à instrução na doutrina cristã

1. Estes miseráveis cativos que, ou mais ou menos bem, nos ajudam nas dependências da vida, nos servem e nos acompanham, certamente são daqueles párvulos, de quem lamentava Jeremias, nas Lamentações (4:4), o não haver quem lhe partisse o pão que pediam: *Crianças suplicam por um pão, não há quem reparta*; porque na qualidade de pretos, na condição de servos, na rudeza de entendimento e na pouca idade cristã que têm depois de nascidos ou renascidos pelo batismo, em tudo os fez a natureza e a fortuna pequenos, mas mais propriamente o são pela última razão de neófitos e novamente conversos à nossa santa fé, conforme a alegoria de Sylva: *Crianças são recém-batizados, são aqueles que acabaram de abraçar a fé.*[1] O pão que pedem é o da doutrina da erudição e sabedoria cristã, como diz Hugo, comentando aquele lugar: *o pão da doutrina*; e esta é a que regularmente se lhe não parte e reparte

---

1. Lauretus, *Sylva, seu potius hortus floridus allegoriarum totius sacrae scripturae*, p.773.

150 *Etíope resgatado, empenhado, sustentado, corrigido, instruído e libertado*

como devera ser; pois os párocos se escusam e os confessores se desviam, uns e outros por ocupados.

2. Aos senhores, porém, que possuem estes cativos, incumbe também a dita partição e repartição, pois tudo quanto os teólogos dizem da doutrina cristã, que os pais devem ensinar a seus filhos, declaram que procede igualmente nos senhores a respeito dos seus escravos e, especificamente falando, dos que saíram da infidelidade, o ensinam assim Fagundes: *O senhor que tem um servo neófito e não se importa em instruí-lo na doutrina cristã peca mortalmente;*[2] e Navarro: *E se tem escravos novamente convertidos à fé, hão de lhe ensinar por si, ou por outro, a doutrina cristã e dar-lhes a entender que coisa é ser cristão e que vida hão de ter.*[3]

3. Donde, assim como o pão de casa, por mais frequente, é o que mais aproveita e melhor sustenta, assim a doutrina de casa é a que, como mais útil, continuadamente se lhe deve partir e repartir, para alimônia espiritual e profícua destas almas; partindo-se com distinção e separação de cada ponto, e repartindo-se, ou tornando-se a partir, com a sua explicação; e tudo isso quanto o permitir a capacidade deles, ajudada da nossa solícita diligência.

4. Nesta, pois, devemos entrar levados da consideração de que cada um destes cativos, pela boca da sua mesma espiritual indigência, continuamente nos está clamando e pedindo este pão, com aquelas palavras (Reis I, 3:7): *E eu sou apenas um menino pequeno; não sei como sair, nem como entrar.* Eu, Senhor, sou um rude preto, e párvulo na fé, que não sei por onde hei de entrar, nem por onde hei de sair; ensinai-me e instruí-me, para que a mesma doutrina me ilustre e faça sábio, conforme aquilo do Salmo 119, (130): *A revelação das tuas palavras ilumina, dá sabedoria aos simples.*

5. E nesta conformidade entraremos, principiando pelas notícias de quem é Deus e de como nos criou a todos para si,

---

2. Fagundes, *In quinque priora praecepta decalogi,* p.574.

3. Navarro, *Manual de confessores e penitentes,* p.131.

e de que a alma não morre como o corpo, senão que a espera o prêmio eterno, se obrarmos bem, ou eterna pena, se obrarmos mal; que o pecado é muito feio e horroroso; que devemos levantar os olhos e as mãos ao Céu, e esperar de Deus mercês e favores em todas as nossas aflições e necessidades. Ensinar-lhes-emos a adorar o santíssimo sacramento nas igrejas e fora delas, nas procissões solenes e condução aos enfermos; adorar as sagradas imagens e reverenciar os sacerdotes e ministros da Igreja; e a este respeito todas as mais observâncias práticas da cristandade, para que todos estes testemunhos e documentos da nossa fé, que forem aprendendo, vão extinguindo neles as relíquias da cegueira da infidelidade, pois, como diz Santo Agostinho: *Se a cegueira é falta de fé, a visão é a fé*.[4]

6. Depois disto, trabalharemos quanto for possível para que tomem de memória a principal parte da doutrina cristã, que é o Credo, os mandamentos da lei de Deus e da Santa Madre Igreja, o Padre-Nosso e Ave-Maria, os sete pecados mortais e os sete sacramentos. E isto mesmo lhe tornaremos a partir, declarando-lhe que no Credo se contém tudo o que deve ter por certo para bem crer; que nos mandamentos da lei de Deus e da Santa Madre Igreja se contém tudo o que deve fazer para bem obrar; e no Padre-Nosso e Ave-Maria tem tudo o que deve rezar para bem pedir; nos pecados mortais têm as coisas e vícios que devem fugir; e nos sete sacramentos, o que dignamente devem receber para bem e salvação das suas almas; que isto mesmo é o que se declara e dispõe na Constituição Baiense, n.4, na forma seguinte.

7. *Mandamos a todas as pessoas, assim eclesiásticas, como seculares, ensinem, ou façam ensinar a doutrina cristã à sua família e, especialmente, a seus escravos, que são os mais necessitados desta instrução pela sua rudeza, mandando-os à igreja para que o pároco lhes ensine os artigos da fé, para saberem bem crer; o Padre-Nosso e Ave-Maria para*

---

4. Augustin, *Œuvres complètes de Saint Augustin*, t.10, p.75.

saberem bem pedir; os mandamentos da lei de Deus e da Santa Madre Igreja, e os pecados mortais, para saberem bem obrar; as virtudes para que as sigam; e os sete sacramentos para que dignamente os recebam, e com eles a graça que dão; e as mais orações da doutrina cristã, para que sejam instruídos em tudo o que importa à sua salvação.[5]

8. E não nos devemos logo escusar desta inevitável obrigação, com a desculpa geral da pouca suficiência e percepção ordinária e regular dos pretos, pois já hoje não vêm daquelas terras cativos tão rudes e boçais como algum dia costumavam vir; de sorte que, antigamente, eram mais os ineptos que vinham, do que eram os que vinham capazes de ensino, e hoje, pelo contrário, são mais os capazes que vêm, do que os rudes e ineptos; e em tal forma que, atualmente, os vemos aprender todas as artes e ofícios mecânicos, sem repugnância e dificuldade.

9. E, além disto, se tem havido aves que aprenderam e repetiram orações inteiras, a uma das quais lhe valeu, para livrar milagrosamente a vida, o repetir a Ave-Maria em ocasião que nas unhas a levava o gavião arrebatada, como se refere na *Arte de criar bem os filhos*,[6] como pode ser que homens racionais, posto que rudes, não possam ao menos chegar com a memória e entendimento aonde as aves chegam com a fantasia e potências materiais somente?

10. Para um papagaio aprender qualquer pretendida e destinada locução duas coisas devem concorrer, que são: a inclinação natural e instinto com que ele se aplica e a contínua e frequente diligência de quem o ensina. Se falta a aplicação e inclinação do pássaro, ou se não persevera a diligência do mestre, então é que se não consegue o intento do ensino. E a este exemplo devemos ver se a falta é da aplicação e cuidado do escravo em aprender a doutrina, ou se é da nossa paciência e perseverança em lha ensinar, porque uma e outra são remediáveis, e muito bem as poderemos suprir e evitar.

---

5. *Constituições primeiras do arcebispado da Bahia*, p.2-3.
6. Gusmão, *Arte de criar bem os filhos na idade da puerícia*, p.156.

Sexta parte 153

11. Porque se acharmos que a falta é da nossa paciência e perseverança em o ensinar, o remédio é seguirmos o contrário de ter paciência e constância, e com ela prosseguirmos na consideração de que ensinar o nosso servo, além de ser obrigação que satisfazemos, de si é uma obra santa e divina – porque é cooperar para a salvação da sua alma –, como disse São Dionísio Areopagita: *Das coisas divinas, a mais divina é cooperar com Deus na salvação das almas;*[7] e as obras boas e virtuosas não se levam ao fim sem constância e trabalho; bem assim como vemos nas obras da natureza e da arte, as quais não chegam à sua perfeição senão levadas a puro trabalho, constância e paciência.

12. O pão que comemos, o linho e lã que vestimos, o azeite e cera que nos alumiam, quantos trabalhos, quantas diligências e quanta constância não foi necessária para chegarem à perfeição que têm para o nosso uso? O dinheiro que gastamos, quantas mudanças e transes não passou; e quantas jornadas não andou, desde as veias das minas até a palma da nossa mão. Um edifício de mármores burnidos e lustrados, quantos milhares de golpes não levou a sua fábrica para chegar ao seu último estado e perfeição.

13. E se tudo pode o trabalho e a diligência junto com a constância, quem não tiver constância no trabalho das obras boas e virtuosas não logrará a glória de conseguir e colher os seus frutos, porque a planta é de tal casta que, para os produzir, é necessário ser regada com o suor, como disse Santo Isidoro Pelusiote: *A glória se quer regada com suor;*[8] e nesta conformidade, não devemos desistir da empresa de ensinar o nosso escravo, senão continuar com paciência e sem desesperar, ainda que não vejamos logo e para logo logrado e conseguido o nosso intento, que isto mesmo é o que o Espírito Santo

---

7. Aeropagita, *Coelestis hierarchia: ecclesiatica hierarchia; diuina nomina; mystica theologia; duodecim epistolae,* p.10.

8. Pelusiotae, *De interpretatione divinae scripturae epistolarum editio prima Veneta latina: Auctior et emendatior,* p.90.

aconselha aos pais de família, e neles aos senhores e possuidores de escravos, como está em Provérbios (19:18): *Corrige teu filho, enquanto há esperança.*

14. E se tivermos outro escravo já perito na doutrina, por ele poderemos fazer ensinar os que a não souberem; mas sempre é bem que seja na nossa presença, para irmos corrigindo as faltas do instruidor; e também porque, fora da nossa vista, o mais certo é não se obrar coisa alguma; que por isto certo senador romano, que se servia de multidão de escravos, ainda quando ele mesmo os não doutrinava, assistia sempre pessoalmente ao seu ensino com toda a atenção, dizendo que este era e devia ser o principal cuidado de um senhor ou pai de família, como refere Erasmo de Roterdã: *Aquele rico alimentava em casa grande multidão de escravos e tratava com especial cuidado deles, estando perto dos que eram ensinados; por vezes, ele mesmo os ensinava, dizendo-lhes que era bom ser este cuidado particular a principal preocupação do pai de família.*[9]

15. E se acharmos que a falta é de aplicação e cuidado do escravo em aprender, dois remédios temos que lhe aplicar. O primeiro é repartir-lhe o pão da doutrina e repetir-lhe também à proporção o castigo. Dar-lhe um período somente do Padre-Nosso para estudar e nos dar conta, por exemplo, na seguinte lição: *Padre nosso, que estás no Céu.* E se der conta e boa conta dele, aumentaremos a lição seguinte, levando sempre com ela a antecedente: *Padre nosso, que estás no Céu, santificado seja o teu nome.* E se ao dar a sua conta tropeçar, emendaremos; e contados os erros, o castigaremos no fim dela, com outras tantas palmadas quantos os erros forem.

16. Faremos como deve fazer o confessor prudente, pois assim como este sisudamente e com dissimulação há de ouvir o penitente e ir-lhe ensinando somente o que for necessário para se explicar, e no fim repreendê-lo e corrigi-lo então de todos os pecados juntamente, e não dar-lhe pelo meio, a cada

---

9. Roterodami, *Opera omnia*, t.4, p.270-1.

Sexta parte

pecado, sua correção, para que isso o não perturbe e altere, com perigo ou prejuízo da inteireza da confissão; assim, também, para que o escravo se não perturbe e erre mais vezes do que talvez erraria, devemos reservar para o fim o castigo dos erros todos juntamente.

17. E este é o primeiro remédio com o qual a experiência tem mostrado que, muitos reputados por rudes, aprenderam com felicidade; sendo a razão porque, como estes pretos em todas as operações que envolvem algum trabalho são naturalmente frios, e somente obram com fervor nas da conveniência e interesse próprio; de sorte que, quando comem, suam, e quando trabalham, estão frescos, como diz Pexenfelder: *Suam, quando comem, arrefecem, quando trabalham;*[10] por isso é necessário aquentá-los também com a palmatória neste ensino, para que com cuidado e fervor estudem, tomem e aprendam a doutrina.

18. O segundo remédio é o de que usou dom João de Mello, bispo conde em Coimbra, nos fins do século passado. Havia este solícito prelado ordenado um claro e breve resumo da doutrina cristã para os rudes camponeses; e havia proibido aos párocos, sob pena de excomunhão, o desobrigarem da Quaresma a qualquer deles, sem que primeiro o soubesse de memória; e sucedendo ir-se queixar ao mesmo prelado um velho da pouca memória que Deus lhe dera, e por razão da qual não podia decorar o sobredito resumo, rogando-lhe que com ele dispensasse, atenta à sua idade e rudeza, o prelado o envidou a fazer maior diligência, com o prêmio de dois mil réis de esmola pelo trabalho de o aprender.

19. E, com efeito, voltando o camponês, depois de tempo competente, com a lição bem estudada e melhor sabida, o bispo o recebeu benignamente e lhe satisfez os dois mil réis; mas na retirada o mandou prender e reter na prisão os dias que com os dois mil réis se pudesse nela sustentar, por evitar

---

10. Pexenfelder, *Florus biblicus et concionator historicus*, parte 2, p.270.

156 *Etíope resgatado, empenhado, sustentado, corrigido, instruído e libertado*

que os mais camponeses se quisessem inculcar rudes por igual conveniência; mas, publicado o caso, logo nos primeiros dias, e fazendo-lhe o camponês humilde petição em que confessava a sua culpa, o mandou logo soltar e recolher em paz à sua casa.

20. A este exemplo, pois, se virmos que o nosso escravo, como rude e brutal, não dá pela vara do castigo, picá-lo-emos com a espora do prêmio, prometendo-lhe, por exemplo, a camisa, o calção, o chapéu, ou também algum dinheiro, se dentro em proporcionado termo der conta da doutrina que lhe ensinarmos; porque, como estes africanos naturalmente são cobiçosos e interesseiros, segundo também disse o mesmo Pexenfelder: *Os escravos, por temperamento, são cobiçosos e insolentes,*[11] pode suceder que aproveite o maior cuidado e diligência em que ele entrar, assim como aproveitou a que fez e em que entrou o camponês.

21. Mas se experimentarmos que, todavia, não têm capacidade para aprender a doutrina, com aquela explicação comum com que todos a sabemos e devemos saber, passaremos a ensinar-lha na forma mais breve e acomodada que determina a Constituição Baiense, a qual, no n.577 e no n.578, diz o seguinte: *E porque os escravos de nosso arcebispado e de todo o Brasil são os mais necessitados da doutrina cristã, sendo tantas as nações, e diversidades de línguas, que passam do gentilismo a este estado, devemos buscar-lhes todos os meios para serem instruídos na fé, ou por quem lhes fale no seu idioma, ou na nossa língua, quando eles já a possam entender. E não se nos oferece outro meio mais pronto, e mais proveitoso, que o de uma instrução acomodada à sua rudeza de entender e fatuidade do falar.*[12]

22. E prossegue no n.578: *Portanto serão obrigados os párocos a mandar fazer cópias – se não bastarem as que mandamos imprimir – de uma breve forma de catecismo, que aqui lhes comunicamos, para se*

---

11. Ibidem, p.776.
12. *Constituições primeiras do arcebispado da Bahia*, p.218-9.

repartirem pelas casas de seus fregueses, em ordem a eles instruírem os seus escravos nos mistérios da fé e doutrina cristã pela forma da dita instrução. E as suas perguntas e respostas serão as examinadas para eles se confessarem, e comungarem cristãmente, e com mais facilidade, do que estudando de memória o Credo e outras lições que só servem para os de maior capacidade.[13]

23. E a tal forma da doutrina mais breve a divide em várias instruções, que todas inclui a mesma Constituição do n.579 até o n.584, e são na forma seguinte: *Inscrição dos mistérios da fé, acomodada ao modo do falar dos escravos:* Quem fez este mundo? *Deus.* Quem nos fez a nós? *Deus.* Deus onde está? *No Céu, na terra e em todo o mundo.* Temos um só Deus ou muitos? *Temos um só Deus.* Quantas pessoas? *Três.* Dize os seus nomes? *Padre, Filho e Espírito Santo.* Qual destas pessoas tomou a nossa carne? *O Filho.* Qual destas pessoas morreu por nós? *O Filho.* Como se chama este Filho? *Jesus Cristo.* Sua mãe como se chama? *Virgem Maria.* Onde morreu este Filho? *Na cruz.*

24. Depois que morreu, onde foi? *Foi lá abaixo da terra buscar as almas boas.* E depois onde foi? *Ao céu.* Há de tornar a vir? *Sim.* Que há de vir buscar? *As almas de bom coração.* E para onde as há de levar? *Para o Céu.* E as almas de mau coração para onde hão de ir? *Para o inferno.* Quem está no inferno? *Está o diabo.* E quem mais? *As almas de mau coração.* E que fazem lá? *Estão no fogo, que não se apaga.* Hão de sair de lá alguma vez? *Nunca.* E prossegue. Quando nós morremos, morre também a alma? *Não. Morre só o corpo.* E a alma, para onde vai? *Se é boa, vai para o Céu; e se não é boa, vai para o inferno.* E o corpo para onde vai? *Vai para a terra.* Há de tornar a sair da terra vivo? *Sim.* E para onde há de ir o corpo que teve alma de mau coração? *Para o inferno.* E para onde há de ir o corpo que teve alma de bom coração? *Para o Céu.* Quem está no Céu com Deus? *Todos os que tiveram boas almas.* Hão de tornar a sair do Céu ou hão de estar lá para sempre? *Hão de estar lá sempre.*

---

13. Ibidem, p.219.

25. *Instrução para a confissão.* Para que é a confissão? *Para lavar a alma dos pecados.* Quem faz a confissão esconde pecados? *Não.* Quem esconde pecados para onde vai? *Para o inferno.* Quem faz pecados há de tornar a fazer mais? *Não.* Que faz o pecado? *Mata a alma.* A alma depois da confissão torna a viver? *Sim.* O teu coração há de tornar a fazer pecados? *Não.* Por amor de quem? *Por amor de Deus.* Ato de contrição para os escravos e gente rude: *Meu Deus, e meu Senhor: o meu coração só a vós quer e ama: eu tenho feito muitos pecados, e o meu coração me dói muito por todos os que fiz. Perdoai-me, meu Senhor; não hei de fazer mais pecados: todos boto fora de meu coração e da minha alma por amor de Deus.*

26. *Instrução para a comunhão:* Tu queres comunhão? *Sim.* Para quê? *Para pôr na alma a nosso Senhor Jesus Cristo.* E quando está nosso Senhor Jesus Cristo na comunhão? *Quando o padre diz as palavras.* Onde diz o padre as palavras? *Na missa.* E quando diz as palavras? *Quando toma na sua mão a hóstia.* Antes que o padre diga as palavras, está já na hóstia nosso Senhor Jesus Cristo? *Não! Está só o pão.* E quem pôs a nosso Senhor Jesus Cristo na hóstia? *Ele mesmo, depois que o padre disse as palavras.* E no cálix, que está quando o padre o toma na mão? *Está vinho, antes que o padre diga as palavras.* E depois que diz as palavras, que coisa está no cálix? *Está o sangue de nosso Senhor Jesus Cristo.*

27. *Instrução para os mesmos escravos rudes moribundos:* O teu coração crê tudo o que Deus disse? *Sim.* O teu coração ama só a Deus? *Sim.* Deus há de levar-te para o Céu? *Sim.* Queres ir para onde está Deus? *Sim.* Queres morrer porque Deus assim o quer? *Sim. Repitam-lhe muitas vezes o ato de contrição; e advirta-se que, antes de se fazer a instrução acima dita, se há de dizer aos que a ouvirem que coisa é confissão; que coisa é comunhão; que coisa é hóstia; e que coisa é cálix; e também que coisa é missa; e tudo por palavras toscas, mas que eles as entendam e possam perceber o que se lhes ensina. E se não souber a língua do confessado, ou moribundo, e houver quem a saiba, pode ir vertendo nela estas perguntas, assim como o for instruindo.*[14]

---

14. Ibidem, p.219-22

Sexta parte 159

28. E sendo caso que nem ao menos estas breves instruções possa algum deles aprender, por mais diligências que concorram da nossa parte, já então por conta dos párocos corre a sua precisa instrução, na forma da mesma Constituição, a qual, no n.55, diz assim: *Porém porque a experiência nos tem mostrado que os muitos escravos, que há neste arcebispado, são muitos deles tão boçais, e rudes, que pondo seus senhores a diligência possível em os ensinar, cada vez parece que sabem menos; compadecendo-nos de sua rusticidade, e miséria, damos licença aos vigários, e curas, para que constando-lhes a diligência dos senhores em os ensinar, e rudeza dos escravos em aprender, de maneira, que se entenda, que ainda que os ensinem mais, não poderão aprender, lhes possam administrar os sacramentos do batismo, penitência, extrema-unção e matrimônio, catequizando-os primeiro nos mistérios da fé, nas disposições necessárias para os receber, e obrigações em que ficam: de maneira que de suas respostas se alcance que consentem, e têm conhecimento; e tudo o mais que supõem de necessidade os ditos sacramentos.*[15]

29. E no n.56 prossegue ao mesmo intento com o seguinte: *E sejam advertidos os vigários, e curas, que desta licença não tomem ocasião para administrarem os sacramentos aos escravos com facilidade; pois se lhes não dá, senão quando constar, que precedeu muita diligência da parte dos senhores, e pela grande rudeza dos escravos, não bastou, nem bastará provavelmente, a que ao diante fizerem; antes procedam com atenção, examinando-os primeiro, e ensinando-os, a ver se podem aproveitar; por que não deem motivo aos senhores a se descuidarem da obrigação, que têm de ensinar aos seus escravos, a qual cumprem tão mal, que raramente se acha algum que ponha a diligência que deve, errando também no modo de ensinar, porque não ensinam a doutrina por partes, e com vagar, como é necessário à gente rude, senão por junto, e com muita pressa.*[16]

30. Além disto, a respeito dos cativos que vierem de novo, temos mais a obrigação de cuidar e fazer toda a possível diligência

---

15. Ibidem, p.22.
16. Ibidem.

160 *Etíope resgatado, empenhado, sustentado, corrigido, instruído e libertado*

para que se convertam à nossa santa fé católica e se batizem; e sendo do sexo feminino e trazendo algum filho menor de 7 anos, devemos logo ordenar e efetuar o seu batismo, como tudo dispõe também a Constituição no n.52: *Mandamos a todos os nossos súditos, que se servem de cativos infiéis, trabalhem muito, por que se convertam à nossa santa fé católica e recebam o sacramento do batismo, vindo no conhecimento dos erros, em que vivem e estado de perdição em que andam, e para esse efeito os mandem muitas vezes a pessoas doutas e virtuosas que lhes declarem o erro em que vivem e ensinem o que é necessário para sua salvação.*[17]

31. E no n.53: *E sendo os tais escravos filhos de infiéis, que não passem de idade de 7 anos, ou que lhes nascerem depois de estarem em poder de seus senhores, mandamos que sejam batizados, ainda que os pais o contradigam; porquanto ainda que os filhos dos infiéis não devem ser batizados sem licença dos pais, antes de chegarem a uso de razão, ou idade, em que peçam o batismo – exceto naquele caso, em que só a mãe o contradiz, e o pai consente, ou que consente a mãe, e somente contradiz o pai –, contudo só há lugar o sobredito quando os pais são livres, e não cativos. E passando de 7 anos, mandamos aos senhores os apartem da conversação dos pais, para que mais facilmente possam converter-se, e pedir o batismo: e depois de serem cristãos, terão os senhores grande cuidado de os apartarem dos pais infiéis, para que os não pervertam, e de lhes mandar ensinar tudo o que é necessário para serem bons cristãos.*[18]

32. Três razões principalmente nos devem mover ao cumprimento destas obrigações; a primeira consiste em nos constituirmos por este modo ministros evangélicos e propagadores da fé e religião cristã, no que vão involutas muitas utilidades espirituais; que por isso Santo Agostinho diz que não cuidemos serem estes exercícios somente para os bispos e sacerdotes, senão que também o são para nós, e que, pelo modozinho que pudermos, sejamos e nos façamos também

---

17. Ibidem, p.20-1.
18. Ibidem, p.21.

Sexta parte 161

ministros de Cristo, pregando o seu nome e ensinando a sua doutrina: *Não aplique estas palavras somente aos Santos Padres e aos clérigos virtuosos. Todos devem ser servidores de Jesus Cristo, cada um seguindo o seu caminho, levando uma vida santa, dando esmolas, pregando o nome e a doutrina do Salvador.*[19]

33. A segunda razão consiste em que o retardar, ou não apressar, o batismo aos escravos, tanto adultos como meninos, é privar estas criaturas de muitos bens espirituais, porque enquanto não são regeneradas para Cristo nas vitais e salutíferas águas deste sacramento, estão prisioneiras em poder do demônio, o qual realmente mora e assiste nelas; e tanto assim que, por esta causa, o sacerdote primeiro que batize, faz os exorcismos à porta da igreja, mandando imperiosamente ao demônio que saia e despeje aquela casa.

34. E depois, tanto que a criatura é batizada, entra nela o Espírito Santo e toda a Santíssima Trindade, e a santifica com a sua graça e lhe infunde os dons e virtudes concomitantes da mesma graça, e fica filha de Deus, herdeira do Céu, membro vivo de Cristo e da Santa Igreja Católica esposa sua; e tudo isto com uma troca tão extraordinária e com uma tão admirável mudança, como se da morte saísse para a vida; porque, com efeito, estando a alma morta para Deus pela culpa de Adão, que lhe tirou a graça do Espírito Santo, que é a vida da alma, assim como a alma é a do corpo, desta morte ressurgiu e se mudou e trocou para aquela vida.

35. E por esta razão é que antigamente se costumava pôr a pessoa que se havia batizar virada para o poente, e, depois, a voltavam para o nascente, significando-se, nesta ação externa e visível, aquela interna e invisível ressurreição e mudança da morte da culpa e escravidão do demônio, para a vida da graça e servidão de Deus: como vem a dizer São Jerônimo, fazendo menção deste aviso: *Em seguida, voltando-se para as regiões onde o sol se põe, renunciou ao que está a ocidente e morre em nós com os*

---

19. Augustin, *Œuvres complètes de Saint Augustin*, t.10, p.155.

pecados; depois, voltando-se para aquelas regiões onde o sol nasce, fez pacto com o sol da justiça, prometendo servi-lo;[20] e São Cirilo diz, explicando esta mesma ação, que se lhe abre à criatura batizada o paraíso da parte do oriente, e passa da região das trevas, que fica da banda do poente, para a região da luz, que fica ao nascente: *Abre-se a ti o paraíso de Deus, que Ele plantou a oriente; do ocaso volta-se para o nascente, que é a região da luz.*[21]

36. Para confirmação desta virtude e eficácia do sacramento do batismo, permitiu muitas vezes Deus nosso Senhor que esta interior, espiritual e invisível mudança se mostrasse e fizesse patente aos olhos humanos, por alguns sinais exteriores, de que há muitos exemplos; e entre eles, é notável o que referem Tomás Bósio[22] e Santo Antonino[23] de uma princesa a quem nasceu um filho tão deforme e horroroso que não parecia indivíduo da espécie humana, de sorte que o pai o não quis reconhecer por filho, indignando-se e suspeitando haver ali talvez alguma aleivosia de adultério; e sendo batizado, este que parecia monstro, imediatamente que surgiu acima das sagradas ondas batismais, apareceu nos olhos de todos tão formoso e engraçado, que o rei e muitos dos seus vassalos, até então infiéis, se abalaram com a evidência da maravilha, a abraçar, como com efeito abraçaram, a fé de Cristo, com muito grande aumento da Igreja de Deus naquelas partes.

37. No qual caso a fealdade antecedente e monstruosa daquele parto – por permissão divina a bem da conversão de tantas almas – significava e representava aos olhos de todos a torpeza

---

20. Collombet, *Histoire de Saint Jérome, père de l'Église au quatrième siècle: sa vie, ses écrits et ses doctrines*, p.46

21. Canisius, *Summa doctrinae christianae, una cum auctoritatibus (praeclaris Divinae Scripturae testimoniis solidisque SS. Patrum sententiis), quae ibi citantur, hic vero ex ipso fontibus a Busaeo Noviomago fideliter collectae, ipsis Catechismi verbis subscriptae sunt*, p.29.

22. Introductionis in Notitiam Scriptorum Ecclesiatiorum. In: Bellarmino, *De scriptoribus ecclesiastics*, livro 1, p.8.

23. Sanct Antonini, *Historiarum domini*, parte 3, fl.77.

Sexta parte 163

e fealdade da culpa original, contraída e transfundida naquela alma pela descendência de Adão; e a posterior formosura e beleza, com que depois saiu da pia batismal, significou e representou, aos olhos de todos, a beleza e formosura da graça, que na mesma alma entrou, por virtude da regeneração obrada no saudável sacramento do batismo, o qual por isso é bem que os senhores o apressem, e o não retardem aos seus escravos, assim adultos, como meninos, para que não estejam suas almas feias e deformes em poder dos demônios, senão que logo, e para logo, se lhes antecipe a formosura da graça e filiação de Deus.

38. E, também, para que com mais prontidão e fidelidade os sirvam, que esta é a terceira e última razão, pois a fé que se recebe no batismo faz o servo mais pronto e fiel no serviço de seu senhor, como diz Du-Hamel, expondo as palavras da recomendação que São Paulo fez a Filêmon, do servo Onésio, que lhe havia batizado: *Porém, tanto mais a ti será fiel aquele que é fiel nos teus assuntos domésticos; com efeito, a fé o tornou pronto para prestar serviços.*[24]

---

24. Du Hamel, *Biblia Sacra Vulgatae Editiones*, p.480.

Sétima parte

Do que respeita à instrução nos bons costumes

1. Devem também os possuidores destes cativos, enquanto eles existirem e viverem na sua obediência e sujeição, ordenar-lhes e instruir-lhes a sua vida com aqueles bons costumes que deve ter todo cristão, fazendo que ouçam missa nos domingos e dias de preceito; que observem os mandamentos da lei de Deus e da Santa Madre Igreja; que jejuem nos dias determinados, não sendo trabalhadores ou oficiais de exercício braçal; e que se confessem e comunguem; ensinando-lhes que primeiro cuidem os pecados para os dizer ao confessor, e que lhe digam todos, ainda que ele lhes não pergunte por alguns, e que devem ter dor e arrependimento deles, e propósito de se emendar; e que, depois da confissão, hão de rezar ou fazer a penitência que ele lhes der.

2. E aos que houverem de comungar, ensinar-lhe-ão que engulam a partícula toda inteira de uma vez, sem a dividir dentro da boca em partes, e que se lhe pegar no céu da boca, com a língua a vão despegando e ajuntando com muito sentido e reverência, até que, despegada de todo, a engulam; e que,

antes disto, não tomem o lavatório; e que sejam devotos de Nossa Senhora, e lhe rezem todos os dias as suas contas, ou a Salve-Rainha ou Ave-Maria algumas vezes, conforme a capacidade de cada um.

3. Esta obrigação anda também involuta no quarto preceito do Decálogo, como dizem, e explicam os teólogos; e a sua transgressão, por omissão grave, é pecado mortal: *Os senhores, de fato, devem ter um cuidado especial com os escravos no que tange ao seu modo de vida, conforme o que diz o apóstolo Paulo: se alguém não tem extremo cuidado com seus criados, negou a fé e é pior do que um infiel. Daí pecam com gravidade aqueles que notavelmente negligenciam aquelas coisas que são pertinentes à consciência dos escravos, não cuidando de que vivam de modo cristão, que observem os preceitos de Deus e da Igreja, que se confessem, comunguem e ouçam a missa nos dias devidos.*[1] E o mesmo diz e explica também Navarro: *Peca mortalmente, do mesmo modo, aquele que é negligente acerca do que convém à consciência de seus escravos e servidores. Assim como que não jurem, que vivam cristãmente, guardando os mandamentos de Deus, que se confessem, comunguem e ouçam missa nos tempos que manda a Igreja, se lhe não procuram os sacramentos da unção e confirmação.*[2]

4. E devem, outrossim, tomar conhecimento dos pecados públicos ou manifestos destes seus cativos, para os corrigir e emendar, como o mesmo Abreu explica: *Donde pecam com gravidade aqueles que notavelmente negligenciam ter conhecido os pecados públicos dos escravos para corrigi-los;*[3] e mais expressamente Navarro: *Peca, do mesmo modo, se não procurou de saber os pecados manifestos de seus servidores para os castigar, segundo Santo Antônio.*[4] E por pecados e vícios mais manifestos e públicos destes cativos se entendem o da incontinência, o da bebedice, o jogo e todos os mais em que manifestamente se implicarem,

---

1. Abreu, *Institutio parochi seu speculum parochorum*, p.395-6.
2. Navarro, *Manual de confessores e penitentes*, p.131.
3. Abreu, op. cit., p.396.
4. Navarro, op.cit., p.131.

Sétima parte

pois a todos são naturalmente propensos e com excesso à sensualidade.

5. Ao qual vício se entregam tanto que nem o pejo natural, nem o temor de Deus os coíbe, como admirou em Espanha e refere frei Luís de Granada: *Com efeito, deste crime impuro, ou o temor de Deus, ou o temor da infâmia e da ignomínia livra os homens; porém, desses dois freios diversos, estes escravos carecem; pois eles não têm nenhum cuidado ou com o temor do Senhor, ou com o pudor e comedimento humanos, ou ainda com a honra, e por isso precipitam-se com a mente desenfreada neste vício, assim como o cavalo e o burro;*[5] e Salviano diz que tão difícil é não ser um destes pretos impudicos, como deixar de ser preto: *É tão raro e insólito encontrar um africano que não seja impudico, quanto é estranho e pouco crível deparar com um africano que não seja africano.*[6]

6. E por isso é necessário não dissimular com eles, senão que, tendo notícia de qualquer ação ou trato menos honesto, deve se castigar e se repreender; e não lhes dar larguezas de sair de casa a toda hora que quiserem, e muito menos nas da noite; e desviá-los, outrossim, de todas aquelas ocasiões e encontros em que houver presunção ou perigo claro de sua ruína nesta matéria; tendo entendido que, do que se lhe não evitar nela por culpa e omissão, darão seus possuidores estreita conta a Deus nosso Senhor, pois os *poderosos serão examinados poderosamente*, como assevera o Livro da Sabedoria (6:6).

7. E sendo caso que lhe conste do concubinato de algum deles, tem obrigação de o evitar por todos os modos possíveis; dos quais o melhor é o do casamento, como se declara na Constituição Baiense, n.989, a qual, nesta matéria, diz e resolve completamente o ponto na forma seguinte: *E porque o amancebamento dos escravos necessita de pronto remédio, por ser usual, e quase comum em todos deixarem-se andar em estado de condenação,*

---

5. Granada, *Secundus tomus Concionum de tempore: quae quartis, & sextis feriis, & diebus dominicis quadragesimae in Ecclesia haberi solent. De Poenintentia*, p.69.

6. Salvian, *Œuvres de Salvien: traduction nouvelle, avec le texte en regard (notes et préface)*, p.60.

168 *Etíope resgatado, empenhado, sustentado, corrigido, instruído e libertado*

a que eles por sua rudeza, e miséria não atendem: ordenamos, e mandamos, que constando na forma sobredita de seus amancebamentos, sejam admoestados, mas não se lhes ponha pena alguma pecuniária, porém judicialmente se fará a saber a seus senhores do mau estado, em que andam; advertindo-os que se não puserem cobro nos ditos seus escravos, fazendo-os apartar do ilícito trato, e ruim estado, ou por meio de casamento – que é o mais conforme à lei de Deus, e lho não podem impedir seus senhores, sem muito grave encargo de suas almas –, ou por outro que seja conveniente, se há de proceder contra os ditos escravos a prisão, e degredo, sem se atender à perda, que os ditos senhores podem ter em lhe faltarem os ditos escravos para seu serviço; porque o serem cativos, os não isenta da pena que por seus crimes merecerem.[7]

8. E tenham mais entendido, os ditos possuidores dos cativos, que eles podem casar com quem lhes parecer; e que lhe não podem impedir o matrimônio e o uso dele em tempo e lugar conveniente, tratando-os por esta causa mal ou vendendo o direito que neles tiverem a pessoas que os levem fora da terra, porque isto é pecado mortal; e além disto, os tais possuidores tomam sobre si, e suas consciências, todos os pecados de incontinência e os mais que de semelhante separação se seguirem, como declara a dita Constituição n.303: *Conforme o direito divino e humano, os escravos e escravas podem casar com outras pessoas cativas, ou livres, e seus senhores lhe não podem impedir o matrimônio, nem o uso dele, em tempo e lugar conveniente, nem por esse respeito os podem tratar pior, nem vender para outros lugares remotos, para onde o outro, por ser cativo, ou por ter outro justo impedimento, o não possa seguir; e fazendo o contrário, pecam mortalmente, e tomam sobre suas consciências as culpas de seus escravos, que por esse temor se deixam muitas vezes estar, e permanecer em estado de condenação. Pelo que lhe mandamos, e encarregamos muito, que não ponham impedimentos a seus escravos para se casarem, nem com ameaças, e mau tratamento lhes encontrem o uso do matrimônio em tempo, e lugar conveniente, nem depois de casados os vendam para*

---

7. *Constituições primeiras do arcebispado da Bahia*, p.340-1.

partes remotas de fora, para onde suas mulheres, por serem escravas, ou terem outro impedimento legítimo, os não possam seguir.[8]

9. E quanto aos outros vícios, de bebedice, jogo e todos os mais a que se entregarem estes cativos, respectivamente se deve ter o mesmo cuidado e vigilância, castigando e repreendendo neles qualquer ação viciosa que nos constar, evitando-lhe, quanto pudermos, todas as ocasiões certas e presumíveis do seu dano; e principalmente, é grande preservativo dos vícios o trabalho e ocupação moderada e tal que os livre da ociosidade; que por isso nos mostra no Brasil a experiência que os escravos das lavouras de mandiocas, tabacos e açúcares, e dos engenhos, e os cortadores de lenhas, nunca são tão viciosos, como são os outros do serviço das casas e companhia dos senhores, que regularmente são os que maiores moléstias, desgostos e enfados lhe causam, porque assim como a terra vaga e por lavrar logo produz espinhos e urtigas, assim eles, estando vagos e sem trabalho, que podem produzir senão frutos de malícia e fragilidade?

10. Cuidem pois os senhores e excogitem mesmo em casa exercícios de serviço em que continuamente os ocupem, porque se Adão posto no Paraíso logo Deus o ocupou, não somente em vigiar, senão também em trabalhar nele (Gênesis, 2:15): *O Senhor Deus tomou o homem e o colocou no jardim do Éden, para o cultivar e guardar;* necessário é que estes escravos domésticos, visto estarem como no paraíso à porta de seus senhores – principalmente quando estes são pessoas mais ricas ou distintas –, não somente vigiem, senão que juntamente trabalhem, fazendo, por exemplo, as meias, os cestinhos e os chapéus de palha, para que, com isso, ou com coisas semelhantes, evitem o meterem-se nos cantos das lojas a jogar os dados, búzios e cartas; e o saírem a beber pelas tavernas, o furtar, o armar contendas com outros e todos os mais erros costumados.

---

8. Ibidem, p.125.

11. E considerem que, se Adão, achando-se no estado da inocência e natureza sã e inteira, caiu miseravelmente em culpa, que se pode esperar destes brutos ociosos, no estado da natureza lapsa e corrupta, senão que continuamente cometam e estejam caídos nos vícios capitais, que são os sete demônios, que atualmente giram por todo o mundo, e onde acham casa vaga entram logo a habitá-la? E se o demônio acomete até os que acha trabalhando nas coisas santas e do serviço de Deus, como não acometerá aos escravos ociosos, se nem no serviço de seus donos os achar ao menos ocupados?

12. Importa logo que os senhores tomem para si e para os seus escravos os dois conselhos de São Paulo e do Eclesiástico; de São Paulo (Efésios 4:27): *e não deis nenhuma chance ao demônio*, nem em si, nem neles deem lugar de vago ao demônio, em que ele possa introduzir as suas maldades; e do Eclesiástico (33:30): *Aplica-o ao trabalho, pois tal lhe convém*; junto (29): *pois a ociosidade já ensinou muita maldade.* Constitua cada um os seus escravos em algum trabalho, exercício ou ocupação honesta e nunca os tenha de vazio, porque a ociosidade é mestra das muitas maldades que neles lamentamos.

13. Além disto, para o mesmo fim dos bons costumes destes cativos, conduz muito que seus senhores e possuidores lhes deem bom exemplo em umas coisas, e que em outras lhes não deem escândalo ou mau exemplo. São Francisco, em uma carta que escreveu aos prelados da sua ordem, lhes deu este ditame maravilhoso e digno da sua santidade: *Tirai o vosso dizer do vosso obrar, para que os vossos súditos tirem o seu obrar do vosso dizer.* O mesmo ditame sigam os senhores e possuidores destes cativos. Diz qualquer senhor ao seu escravo que ouça missa; veja o escravo que o senhor também a ouve. Diz-lhe que se confesse; veja que também ele se confessa. Diz-lhe que jejue; veja que também o senhor jejua; e assim quanto ao resto. E eis aqui o dar-lhe bom exemplo.

14. Diz o senhor ao escravo que seja casto e tenha vergonha; não veja o escravo no senhor ação alguma contrária à continência

Sétima parte　　171

e honestidade. Diz-lhe que não jogue e que não beba; não veja o escravo ao senhor com jogos, nem com bebidas; e assim quanto ao resto. E eis aqui o não lhe dar escândalo ou mau exemplo. Isto mesmo é o que veio a dizer em breves palavras Quintiliano: *O essencial, pois, a se ter conta é que, se estivermos atentos àquilo que nos afeta, seremos melhores juízes daqueles que queremos afetar;*[9] tenham primeiro validade e observância em nós as coisas que persuadimos, para que depois a tenham naqueles em quem as quisermos introduzir; e a razão é porque, como diz São Gregório Papa, as palavras que vão acompanhadas com as obras, ou a doutrina que acompanha o exemplo, esta sim, é a que obra, porque ela é que tem maior eficácia para penetrar os corações de quem a ouve: *penetra mais profundamente o coração de quem ouve aquela voz que é recomendada pelo exemplo.*[10]

15. Como se poderá inclinar o escravo a ouvir missa, por mais que o senhor lho diga, vendo que ele no domingo ou dia santo sai já tarde de sua casa e dirige os passos para a outra do divertimento e conversação? Como pode inclinar-se a frequentar os sacramentos da confissão e comunhão, vendo que o senhor, em dias de jubileu, levanta-se mais cedo e vai divertir-se na sua quinta ou na sua roça? Como poderá inclinar-se a ser casto, se talvez ele mesmo é o mensageiro das correspondências ilícitas de seu senhor? Como poderá não inclinar-se ou coibir-se de jogar, vendo que seu senhor é também um bom taful? E como poderá coibir-se de beber aos vinténs pelas tavernas, vendo que talvez seu senhor manda continuamente prover a frasqueira nos armazéns?

16. Diz o senhor ao escravo: *Homem, ouve missa, confessa-te, não andes amancebado, olha que há inferno; e que por esse mau caminho que levas, vais direto cair nele.* Responde o escravo dentro em si: *Vai-te embora, homem, que isso é mentira e não falas deveras; pois*

---

9. Quintilliano, *Quintilian's Institutes of the Orator*, livro 6, cap.2, p.373.
10. Gregorii, *Magni milleloquium morale, in quo continetur quidquid scripsit*, p.20.

se isso fosse verdade, também tu te havias emendar e te havias retirar de ir pelo mesmo mau caminho por onde dizes que eu vou. E eis aqui como as palavras do senhor, desacompanhadas do exemplo, não penetram, nem abalam o coração do escravo.

17. Fica o escravo, nestes termos, reputando por falsa toda aquela boa doutrina que o senhor lhe dá; por quê? Porque não vai provada como deveria ir. E como se prova a verdade da doutrina? Com testemunhas. E quais são estas testemunhas? São as ações de quem a dá, quando se conformam com aquilo mesmo que ensina.

18. Então é que as doutrinas vêm alegadas e vêm imediatamente provadas; porque o mesmo que as alega é testemunha de fato próprio que as verifica; assim o diz Sêneca, na Epístola 20: *um homem não ensina a verdade, dá testemunho dela.*[11] Todos os homens naturalmente nos fiamos mais dos olhos do que dos ouvidos; damos maior crédito ao que vemos do que ao que ouvimos; e por isso são para nós mais abonadas testemunhas os exemplos do que as doutrinas; por cuja razão, como refere Bernardes, São Luís Gonzaga, a quem lhe disse, em certa ocasião, que não fizesse tantas penitências e seguisse o conselho de outros padres nesta matéria, respondeu: *Assim é que me aconselham; porém, eu vejo que eles fazem o contrário, e antes quero seguir o seu exemplo, do que o seu conselho.*[12]

19. Importa, pois, para a reforma dos costumes dos escravos, que principie esta, primeiro pela dos senhores, no que lhe for necessário, visto que eles hão de seguir mais o que virem do que o que lhe disserem; e, se pela maior parte, os mesmos costumes e inclinações que os senhores têm, estes mesmos se divisam nos seus escravos; e pelos dos escravos, se julgam os dos senhores, como notou São Jerônimo na Epístola a Demétria: *Julgam-se, comumente, as condutas e as inclinações dos*

---

11. Sêneca, *Cartas a Lucílio*, p.72.

12. Bernardes, *Nova floresta: ou sylva de varios apophtegmas e ditos sentenciosos espirituaes e moraes: com reflexoens, em que o util da doutrina se acompanha com o vario da erudição, assim divina como humana,* t.5, p.64.

mestres, pelos costumes e maneiras daqueles que estão a seu serviço ou sob suas ordens.[13] Vejam os escravos bons costumes em seus senhores, para que os possam copiar e trasladar em si e para que então os senhores tenham gosto de se ver e rever nos seus escravos.

20. Uma objeção, porém, e à primeira vista urgente, se poderá opor contra a precedente doutrina; e vem a ser que muitos possuidores de escravos há de costumes irrepreensíveis e, contudo, os seus escravos são de costumes depravados e entregues a todo o gênero de vícios; antes pela maior parte, os escravos desses timoratos são ainda piores que os de pessoas de vida mais comum; logo, não é o bom exemplo tão eficaz para instruir e reformar os seus costumes, como neste ponto se tem até agora inculcado. A essa razão se responde que o bom exemplo dos senhores é um dos requisitos necessários para a boa instrução dos servos.

21. Mas, para obrar este bom exemplo, hão de concorrer com ele todos os mais requisitos igualmente necessários, pois diz o prolóquio vulgar e regra jurídica: *coisas que isoladas não se aproveitam, reunidas são úteis.* Não basta somente o bom exemplo; deve-se este juntar com a correção verbal, como fica expendido na quarta e quinta parte deste discurso e, por isso, se estes possuidores timoratos forem frouxos e faltarem à dita correção, de pouco aproveitará o seu bom exemplo tão somente.

22. E, do mesmo modo, se também forem frouxos e descuidados em aplicar os escravos a que se confessem e comunguem algumas vezes no ano, deixando-os passar de Quaresma a Quaresma sem se chegarem aos sacramentos, pouca ou nenhuma emenda podem ter nos seus vícios e maus costumes, pois estes são influídos por tentações e sugestões do demônio; e para vencer estas é necessário auxílio divino, e não bastam as pobres forças do livre-arbítrio da criatura, ainda que

---

13. Jérome, *Lettres de S. Jérome,* t.1, p.393.

174 *Etíope resgatado, empenhado, sustentado, corrigido, instruído e libertado*

sejam excitadas do bom exemplo de outrem, pois bom exemplo tiveram as virgens fátuas na diligência das prudentes, e contudo, nada lhes aproveitou, porque lhe faltaram os mais preparatórios; donde diz São Jerônimo que, se bastassem as forças do nosso livre alvedrio para vencer as tentações, não dissera o Senhor no Evangelho: Vigiai e orai, para não cairdes em tentação. *Se o livre-arbítrio fosse suficiente para evitar as tentações, Cristo não teria dito: Vigiai e orai, para não cairdes em tentação.*[14]

23. E os mais preparatórios, ou requisitos, para vencer a criatura as tentações e sugestões do demônio, e alcançar auxílios para isso, consistem em se chegar a Deus, pelos santos sacramentos da penitência e eucaristia; conforme aquilo do profeta Zacarias (1:3): *Voltai a mim, e eu me voltarei para vós;* e de Santiago (4:8): *Aproximai-vos de Deus, e ele se aproximará de vós;* que por isso se confessam e comungam os enfermos e moribundos, para receberem forças com que resistam às tentações e sugestões do inimigo, que naquela última batalha são maiores.

24. Logo, se os possuidores de escravos, ainda que aliás lhe deem bom exemplo, não os aplicarem a se chegarem a Deus e receberem algumas vezes os sacramentos, não poderão conseguir a reforma dos seus vícios; por isso Drexélio diz que muitos pais de famílias se queixam continuadamente dos maus costumes e vícios dos seus escravos e escravas; porém, que eles mesmos têm a culpa, porque raríssimas vezes os mandam à igreja para se confessarem e comungarem e ouvirem a palavra de Deus: *Queixam-se não raramente os pais de família a respeito dos costumes corrompidos dos escravos e escravas; mas os mesmos que conduzem a família estão em culpa, se rarissimamente enviam os seus aos templos, para purificar a consciência e cumprir os rituais sagrados.*[15]

---

14. Jérome, Dialogue contre les Pelagiens. In: *Œuvres complètes de Saint Jérome*, t.3, p.224.

15. Drexélio, *Noe architectus arcae in diluvio navarchus descriptus et morali illustrates*, p.140.

Sétima parte

25. Concluamos, pois, que neste negócio da instrução e reforma dos costumes destes cativos, devem concorrer da nossa parte copulativamente três coisas, que são, o nosso bom exemplo, a correção e castigo das suas ações viciosas e a aplicação deles a receberem os santos sacramentos da Igreja; e, se ainda assim, concorrendo todas estas, continuarem em ser maus e viciosos, então somente nos resta considerar que os possuímos por permissão divina, para exercício da nossa paciência, pois, como diz Santo Agostinho, comentando o Salmo 54 (1), não imaginamos que baldadamente conserva Deus os maus neste mundo, sem que deles mesmos haja de resultar algum bem.

26. Porque, ou os conserva para que se emendem, ou para que sirvam de exercitar o sofrimento e a paciência dos bons: *Não creia que os homens maus são inúteis ao mundo e que Deus não tira deles nada de bom. Os homens maus vivem ou para se corrigirem ou para pôr o bom à prova, aperfeiçoá-lo;*[16] e em tais termos, rogaremos e pediremos a Deus que estes mesmos maus escravos, que agora nos exercitam, se convertam a ele de tal sorte que também conosco venham a ser depois exercitados no sofrimento dos mais trabalhos e misérias da presente vida, dizendo com o mesmo santo doutor: *Dá prazer a Deus ver aqueles que nos aperfeiçoam serem convertidos e passarem a se aperfeiçoar ao nosso lado.*[17]

---

16. Augustin, *Œuvres complètes de Saint Augustin*, t.12, p.557.
17. Ibidem.

Oitava e última parte

Do que respeita aos últimos fins destes cativos

1. Por últimos fins destes cativos entendo, neste lugar, os últimos fins da sua sujeição servil; quando extinta já de todo a causa de penhor e retenção em que haviam ficado, pelo benefício da redenção, forem completamente restituídos à sua primitiva e natural liberdade com que nasceram. Estes fins podem ser de quatro modos: *primeiro,* quando o cativo pagar a seu possuidor a dinheiro o preço total ou parcial da sua redenção, na forma explicada na segunda parte deste discurso; *segundo,* quando o cativo houver servido os anos que bastarem para compensar o mesmo preço, como também ali deixamos expendido; *terceiro,* quando falecendo o possuidor do cativo, lhe fizer quita do tempo que ainda lhe faltar e o deixar desobrigado; *quarto* e *último,* quando o cativo, antes de findar o tempo da sua servidão, falecer da vida presente.
2. A forma com que, em cada um destes casos, se devem portar os seus possuidores e o que então lhes devem fazer é o

argumento desta oitava e última parte. Consiste o substancial desta forma em agradecermos a Deus nosso Senhor, por palavra e por obra, o benefício que nos fez no logro e uso de qualquer destes pretos, que são criaturas suas racionais; pois é, sem dúvida, certo que, sem a sua divina permissão, não nos serviriam nem prestariam eles, e não devemos passar em claro por esta tão sinalada beneficência, como se nós mesmos os houvéssemos criado e conservado vivos para o nosso uso e para o nosso serviço e companhia que nos fizeram; que, por isso, até no uso e logro das coisas materiais e inanimadas, que por divina disposição servem aos nossos membros e sentidos, é devido a Deus nosso Senhor este sincero e humilde agradecimento, como disse Santo Antonino.[1]

3. Onde expende que cada criatura das que nos servem neste mundo continuamente nos está, da parte de Deus, clamando ao coração com estas três misteriosas e mudas vozes: *toma, rende, teme*. Com a primeira clama *toma*, toma homem o meu uso e o meu préstimo, pois para te servir fui criada e estou subsistindo por divina permissão. Com a segunda clama *rende*, rende a Deus as graças, olha e repara bem que nisto te faz grande e sinalado benefício. E com a terceira clama *teme*, teme e guarda-te homem de seres ingrato, foge do castigo que terás se lho não souberes agradecer; e também do castigo que terás se te queixares e não levares a bem, que ele (se for de sua divina dignação) use de mim, como for servido, para te castigar nesta vida com misericórdia.

4. Pelo que, havendo nós aceitado o primeiro clamor do divino *toma*, enquanto durou o tempo da sujeição servil, que nos teve cada um desses cativos, chegados agora ultimamente ao fim dessa sujeição, segue-se que demos também satisfação ao divino *rende*, rendendo-lhe as devidas graças, por palavra e por obra do benefício que acabamos de receber. Por palavra, dizendo mental ou vocalmente na sua divina presença

---

1. Antonini, *Summa theologica*, parte 1, p.178.

Oitava parte

aqueles sinceros afetos, ternuras e expressões de gratificação que ele mesmo nos inspirar ao coração, acompanhadas de vivas considerações dos seus contínuos benefícios, porque sendo Deus nosso Senhor nas criaturas racionais, como é o Sol nas sensitivas, segundo disse São Gregório Nazianzeno: *o Sol está para o mundo sensível, como Deus está para o mundo inteligível;* se ao Sol adoram muitas nações, somente porque o reconhecem benéfico, como são os persas,[2] que adorações, que rendimentos e ações de graças não devemos os fiéis àquele Senhor, por cuja virtude foram criadas e subsistem, e por cujo preceito nos servem obsequiosas todas e cada uma das criaturas?

5. E, por obra, fazendo a estes cativos, no fim de sua sujeição, todo aquele afago e bem que couber nos limites da nossa maior ou menor possibilidade, pois assim como é parte da devida gratificação receber agradavelmente e brindar com competente donativo ao mensageiro de qualquer oferta ou dádiva dos homens, assim deve ser parte do nosso agradecimento para com Deus tratar com agrado e beneficiar competentemente aquelas criaturas suas, por cuja intervenção e ministério recebemos os dons efetivos da sua infinita liberalidade e providência.

6. E não somente lhes devemos fazer esse afago e este bem, na razão de mensageiros e ministros dos divinos benefícios, senão ainda na precisa razão de criaturas, que quanto de si é, ou mais ou menos bem, nos serviram e prestaram; porque o não lhe corresponder com o agradecimento, será indicativo de ânimo mais que brutal e insensível, pois nos brutos imprimiu a natureza uns vestígios e sinais de amor, boa vontade e agradecimento às pessoas que sucedeu servi-los, de que há muitos exemplos nas histórias; como são o da doninha que trouxe na boca uma pedra preciosa e a foi pôr aos pés de d. Fernando Annes de Lima, pela livrar, e a outra sua companheira, de uma cobra com quem as achou contendendo,

---

2. Rhodigini, *Lectionum antiquarum*, t.2, p.559.

180 *Etíope resgatado, empenhado, sustentado, corrigido, instruído e libertado*

cuja pedra engastada em um anel deixou este cavalheiro com a sua bênção anexa ao seu morgado, como refere Villas-Boas no seu *Nobiliarquia portuguesa*.[3]

7. E o da águia, que vendo um camponês levar à boca para beber uma vasilha de água infecta com o veneno de outra cobra, da qual pouco antes a havia livrado, com um repentino e acelerado voo, lha lançou fora das mãos, com que o livrou da morte; da qual, porém, não escaparam os seus companheiros, que primeiro haviam bebido, como refere Pierio Valeriano;[4] e o do leão que livrou dos mais leões seus companheiros a um criminoso, que com outros se lhes lançaram para serem despedaçados, pelo benefício de lhe haver tirado um espinho cravado em um braço e lho haver curado, em tempo que o mesmo criminoso vivera nas brenhas escondido, caso que refere Aulio Gélio.[5]

8. E nas criaturas insensíveis vemos também uns arremedos de recíproco amor, correspondência e agradecimento, porque os rios voltam para o mar, donde saíram, com contínuo e incessante movimento, recebendo o benefício de umas águas e agradecendo-o logo imediatamente com outras. Os elementos em perpétua circulação se beneficiam e gratificam a cada instante, convertendo-se mutuamente uns nos outros; e como discretamente ponderou Teodoreto,[6] os dias de verão, que recebem da noite o benefício de mais algumas horas para o trabalho e colheita dos frutos, depois lho agradecem no inverno, dando-lhe também muitas horas para o descanso; donde veio a dizer Santo Ambrósio que de tudo isto devem os homens aprender a serem agradecidos e a se envergonharem da nota de ingratidão, da qual até as mesmas criaturas

---

3. Sampaio, *Nobiliarchia portugueza: tratado na nobreza hereditária e política*, p.144-5.

4. Apud Lohner, *Instructissima bibliotheca manualis concionatoria*. v.1.

5. Gellius, *Les Nuits attiques d'Aulu-Gelle*, p.164.

6. Cyri, *De Providentia orationes decem*, p.1-36.

Oitava parte 181

insensíveis e irracionais fogem: *com efeito, quem não se envergonha de não restituir a graça aos que merecem, vendo que até mesmo as feras evitam o crime de ingratidão.*[7]

9. E, nesta conformidade, para não sermos ingratos com estes cativos que nos serviram, devemos, quando eles pelo primeiro modo chegarem ao último fim da sua sujeição ou servidão, trazendo-nos o dinheiro dos anos que ainda lhes faltavam, recebê-los com todo o afeto e afabilidade, com serena fronte e sobrancelhas altas, e não com fronte rugada e sobrancelhas caídas; isto é, alegres, e não carrancudos; porque não sendo assim, mostraremos que não conhecemos e que dissimulamos e negamos o benefício que Deus e eles nos fizeram; e já aqui irão envolvidas três ingratidões, pois como diz Sêneca: *Ingrato é aquele que nega o benefício que recebeu, ingrato é aquele que o dissimula.*[8]

10. Devemos, depois desse afago, passar-lhe logo documento ou carta de liberdade, que verdadeiramente será uma quitação do pagamento que nos fizeram, parte em dinheiro e parte em serviços; e nela declararemos que nos serviram tantos anos e que nos pagaram tanto a dinheiro, a razão de tanto por cada um, que é a vigésima parte do seu valor; e que com isto ficou extinta a causa de penhor e retenção em que se achavam; e vão de todo desembaraçados e plenamente restituídos à natural liberdade com que nasceram.

11. E logo, entregando-lhe a tal carta, lhe diremos que de todo o coração lhe perdoamos os descuidos que tiveram no nosso serviço e os enfados e moléstias que nos causaram; e que nos perdoem também as faltas que tivemos na sua correção, na sua instrução e no seu sustento e tratamento, e repartiremos com eles algum dinheiro, ou outra coisa, conforme nossas possibilidades, de sorte que não saiam da nossa casa totalmente com as mãos vazias; para o que, por maior que seja

---

7. Mediol, *Hexaemeri*, livro 6, p.153.

8. Sénèque, *Œuvres complètes de Sénèque le philosophe*, t.4, p.39-40.

a nossa pobreza, sempre acharemos com que os contentar; pois, como diz São João Crisóstomo, somente não tem quem não quer dar; que quem quer dar, por mais pobre e miserável que seja, sempre acha o que oferecer: *Nenhum homem é miserável, a não ser que não queira ter compaixão, porque ninguém, desejando ter compaixão, poderá não ter o que concede.*[9]

12. E não pareça aos possuidores destes cativos que semelhante procedimento é coisa inaudita e nunca vista no mundo, porque na lei antiga, mandando Deus que quem comprasse algum escravo hebreu, depois de servir seis anos, no sétimo o deixaria ir livre, acrescentou logo que, porém, não consentisse, por modo algum, sair com as mãos vazias da sua casa (Deuteronômio 15:12, 13): *Quando um irmão hebreu, homem ou mulher, se tiver vendido, ele te servirá seis anos, mas no sétimo tu o despedirás livre de tua casa. Ao despedi-lo livre de tua casa, não o despaches de mãos vazias*; senão que dos seus gados, da sua eira ou celeiro e do seu lagar, repartiria com ele e lhe daria viático (Deuteronômio 15:14): *Dá-lhe generosamente algo do gado miúdo, da colheita de cereais e de uva, dá-lhe algo dos bens com que o Senhor teu Deus te houver abençoado.*

13. E já nesta lei temos exemplar do que se deve seguir neste ponto; porque as leis cerimoniais e judiciais, ainda que expiraram no ingresso da lei evangélica, quanto à sua obrigação e observância, contudo, quanto às doutrinas, que em todas elas se encerram, sempre permanecem para o nosso exemplo e imitação, como já na quinta parte deste discurso, falando da quantidade do castigo, deixamos dito e provado; o que se entende quando para a sua imitação ocorrer a mesma razão em que qualquer delas se fundava; como é no caso e termos em que falamos de não deixar sair da nossa casa com as mãos vazias o escravo, que alguns anos nos serviu; no qual caso se dá a mesma razão e fundamento da transcrita

---

9. Crisóstomo, *Opera, quatenus in hunc diem latio donata noscuntur: Quintus et vltimus tomus operum Diui Ioannis Chrysostomi*, p.77.

Oitava parte **183**

lei, que Deus nosso Senhor declarou ser ali a de servirem os escravos a seus senhores, com conformidade ao jornal dos jornaleiros (Deuteronômio 15:18): *Não te seja penoso libertá-lo, pois durante seis anos te serviu pelo preço que se paga a um assalariado. Além do mais, o Senhor teu Deus te abençoará em tudo o que fizeres.*

14. E foi o mesmo que dizer que, assim como o jornaleiro cada dia dos que trabalha além do seu sustento adquire o seu jornal, e este lhe é devido, assim, e na mesma conformidade, cada dia que o escravo serve, além do seu sustento, adquire o respectivo agradecimento de seu senhor, que igualmente se lhe deve e que, por isso, assim como se não pode despedir o jornaleiro sem se lhe pagar o merecido jornal no fim do seu trabalho, assim também se não deve despedir o escravo, no fim da sua servidão, sem se lhe meter nas mãos o competente agradecimento.

15. E como os escravos, nos termos em que falamos, têm de nos servir não somente seis anos, como era costume naquele tempo, senão dez, quinze e vinte anos, como dissemos na segunda parte deste discurso, por isso com muito maior razão devemos, seguindo o exemplo daquela divina lei, não o deixar sair da nossa casa e companhia triste e com as mãos vazias; ao mesmo passo que lhe devemos um agradecimento igual e conforme ao jornal, que aliás teríamos de lhe pagar se ele nos servisse como jornaleiro todo o tempo que nos serviu como escravo.

16. E nesta conformidade, cada um dentro de seu coração dirá deste modo: o meu escravo tem servido dez anos, sem exceção de domingos e dias santos, e pelos outros dez que lhe faltavam, aqui me paga cinquenta mil réis em dinheiro. Se eu, para o meu serviço deste tempo, alugasse outro algum escravo a tostão por dia, como pagam pedreiros, carpinteiros e lavradores, vencia o tal escravo trinta mil réis em cada um ano, e no decurso dos dez anos tinha vencido trezentos ou mais mil réis: logo, outros trezentos mil réis venceu também

o meu escravo neste tempo; pois diz Deus, na Sagrada Escritura, que os escravos servem com conformidade ao jornal dos jornaleiros. Ajuntando, pois, aos trezentos mil réis, os cinquenta que agora me paga, somam trezentos e cinquenta mil réis, dos quais, tirando os cem que ele me custou, ainda tenho de lhe agradecer duzentos e cinquenta mil réis.

17. E como lhe hei de agradecer tão grande e avantajada quantia? Reconhecendo a minha obrigação e dando sinais deste meu reconhecimento, como Deus mandou no Deuteronômio. Porei nele os meus olhos. Tratá-lo-ei nesta despedida com afago, amor e benevolência. E não consentirei, de modo algum, que saia da minha casa e companhia triste e com as mãos vazias. Hei de contentá-lo com o que puder, ou seja, a véstia e calção novo, ou seja, o par de camisas e chapéu, ou seja, o par de patacas, dessas mesmas que me trouxe, ou seja, finalmente, aquilo que a minha abastança ou pobreza permitir.

18. E quanto ao segundo modo, chegado que seja o escravo ao último dos anos de serviço – que, como dissemos na segunda parte deste discurso, podem orçar até os vinte, porém, nunca excedê-los –, teremos cuidado de o chamar e lhe dizer que tem acabado o seu tempo; e logo lhe passaremos carta na forma que fica expendido, perdoando-lhe e pedindo-lhe perdão, e contentando-o com o que pudermos e com mais alguma vantagem, por isso mesmo que nos serviu mais tempo, sem que nele pudesse lucrar coisa alguma com que mais cedo se livrasse da servidão.

19. Porém, se quiser permanecer na nossa companhia e não houver razão em contrário, nela o deixaremos ficar, passando-lhe, porém, sempre a carta para seu título; porque também isto é parte do agradecimento que se lhe deve; e também Deus o mandou assim repetidas vezes na lei escrita, a saber, no Êxodo (21:5, 6): *Se o escravo disser: "Eu quero bem ao meu senhor, à minha mulher e aos meus filhos, e não quero sair livre", então o dono o levará diante de Deus e, encostando-o na porta ou no umbral,*

Oitava parte

perfurará a orelha do escravo com uma sovela, e ele o servirá para sempre.

20. E no Deuteronômio (15:16, 17): *Se, porém, o escravo disser: "Não quero sair de tua casa, por gostar de ti e de tua família" e sentir-se feliz contigo, fura-lhe, então, junto à porta, com uma sovela, a orelha, e ele será teu escravo para sempre. Procederás do mesmo modo com tua escrava.* E já se vê que, para isto, não é necessária, nem praticável, a antiga solenidade de o levar à presença dos juízes, significados na palavra *deuses* – como expõe Tirino – e furar-lhe a orelha; porque esta cerimônia expressa naqueles textos envolvia outros mistérios e era fundada em outras razões que já cessaram, e não são adaptáveis aos escravos de que falamos; e, por isso, basta que imitemos somente o substancial da disposição; e não é necessário imitar também as circunstâncias acidentais da sua solenidade.

21. E se o escravo se achar enfermo ou estiver já velho, que tudo vale o mesmo, com muito maior razão o devemos conservar, porque então a sua maior necessidade puxa pelo nosso maior agradecimento e obrigação; de sorte que, obrando o contrário, podemos justamente temer e recear o castigo; do que temos exemplo em I Samuel (30:11 e seguintes), quando diz que, andando el-rei Davi em campanha, lhe trouxeram os exploradores um servo ou escravo, que acaso encontraram no campo, quase morto com a fome de três dias, de sorte que, para tornar em si e poder falar e dizer quem era, foi necessário dar-lhe de comer e de beber, como diz o texto (I Samuel, 30:12): *Deram-lhe também um pouco de massa de figo e dois cachos de uvas-passas. Depois de ter comido, recuperou as forças. Havia três dias e três noites que não comia nem bebia água.*

22. E perguntado, disse ser escravo de um amalecita que, por adoecer, o lançara fora e desamparara depois da batalha, que pouco antes tiveram e haviam vencido os do batalhão de seu senhor; e inquirindo Davi se sabia guiá-lo para onde se achava o tal troço ou batalhão, respondeu que se lhe prometesse com juramento não o matar, nem entregar ao dito seu senhor,

então o guiaria (I Samuel, 30: 15): *Disse-lhe Davi: "Podes levar-me até esse bando?".* O homem respondeu: *"Jura-me por Deus que não me matarás e não me entregarás nas mãos do meu senhor, e eu te levarei ao bando".* E Davi jurou-lhe; e, com efeito, jurando, Davi o guiou; e dando sobre o amalecita e seus sócios, em 24 horas os destruiu e acabou a todos (I Samuel, 30: 17): *Davi os atacou no dia seguinte, do romper do dia até à tarde. Nenhum dentre eles escapou.*

23. No qual caso permitiu Deus nosso Senhor que o mesmo escravo, em que todos tinham pecado, consentindo que ficasse ao desamparo no campo, onde perecesse à fome e necessidade, este mesmo fosse a ocasião do seu estrago: *Assim chegaram a compreender que cada um é punido por aquelas mesmas coisas com as quais peca;* pois se não pode negar que, se o amalecita e seus sócios conservassem na sua companhia e não desamparassem o escravo enfermo, não fora ele achado no campo, não fora levado a Davi e não o guiara contra eles; e com isso evitavam aquela tão grande e horrível fatalidade. Tomemos logo daqui exemplo e conservemos na nossa companhia o escravo doentio, inerte ou velho: pois poderá suceder que assim mesmo feito espantalho na nossa casa nos desvie talvez dela o infortúnio, ou seja, da perda da fazenda, ou da honra, ou da mesma vida.

24. E quanto ao terceiro modo de chegarem esses cativos ao fim da sua sujeição servil, que é quando os senhores por sua morte lhe fizerem quita do tempo que ainda lhes faltar para compensarem o preço do seu resgate, ainda que esta quita se deve fazer a todos, total ou parcialmente, conforme o maior ou menor tempo que cada um deles houver servido, contudo, plenamente se deve fazer àqueles cativos que forem bons e fiéis aos seus possuidores, pois, ainda que Pexenfelder diga que esses escravos pretos somente são bons enquanto a seu salvo não podem ser e se não podem mostrar maus: *Muitos desta tribo são bons por tanto tempo quanto não podem, seguramente,*

ser maus;[10] e São Tomás, expondo aquelas palavras do Evangelho de São Mateus (24:45): *Quem é o servo fiel e prudente?* Diz que raro é o escravo fiel, com quem concorda Titus Bostrensis, citando Lucas (12:43): *Quem é o administrador fiel e atento, que o senhor encarregará de dar à criadagem a ração de trigo na hora certa? Feliz aquele servo que o senhor, ao chegar, encontrar agindo assim!*[11]

25. E ainda que haja muitas histórias de escravos que foram maus e infiéis a seus senhores; uns furtando-lhe a fazenda para si e para seus desperdícios, outros tirando-lhe a honra e deixando-se para isso corromper com donativos e promessas, levando cartas, avisos e presentes, em dano e prejuízo da honestidade e recolhimento de suas filhas; e, enfim, outros cooperando por diversos modos para outros insultos semelhantes e piores; contudo, também se não pode negar haver muitos escravos bons e fiéis que zelaram e defenderam a fazenda, a honra e a própria vida de seus senhores, e ainda o bem comum da república, como foram os que refere Soares Bahiense, no *Progymnasma literário;*[12] em cuja conformidade no direito civil se acha no Código o título: *Das causas pelas quais os escravos podem obter a liberdade como recompensa;*[13] com algumas leis em que se dá liberdade por prêmio aos escravos fiéis a seus senhores e aos escravos fiéis ao bem comum da república.

26. E a esses cativos, que forem bons e fiéis a seus possuidores, os devem eles amar como a sua alma, e tratar como a irmãos, conforme a doutrina do Eclesiástico (33:31): *Se tens um servo*

---

10. Pexenfelder, *Flocus biblicus et concionator historicus*, parte 2, p.776.

11. A Lapide, *Commentaria: in quatuor evangelia: in duo volumina divisi*, t.1, v.8, p.611.

12. Soares, *Progymnasma literario: e thesouro de erudiçam sagrada e humana, para enriquecer o animo de prendas, e a alma de virtudes. Tomo I, que contem setenta e dous discursos moraes, politicos, academicos, doutrinaes, asceticos et predicaveis, dispostos pelas letras do alfabeto até a letra C*, p.396-407.

13. *Les douze livres du code de l'empereur Justinien*, v.11, p.178.

só, estima-o como a ti mesmo, pois precisarás dele como de ti. *Se tens um servo só, trata-o como a um irmão*; e isso não somente em vida, senão também por morte, não os deixando em servidão, nem em pobreza, como o mesmo Eclesiástico diz (7:23): *O servo sensato seja-te querido como a tua alma: não o defraudes da sua liberdade nem o deixes sair na indigência*; onde se deve notar a energia com que fala este texto, dizendo que o senhor não defraude o escravo fiel da liberdade; no que supõe dívida e obrigação de lha deixar.

27. De sorte que, o não deixar o senhor a liberdade, fazendo a dita quita a qualquer outro escravo dos que o servem na forma comum e ordinária, sem especialidade, umas vezes bem e outras mal, será não usar com ele de benevolência e benignidade, e faltar por morte à obrigação de caridade e amor fraternal, que se deve a qualquer próximo; porém, o não fazer a tal quita e não deixar plenamente livre por sua morte o escravo bom que lhe foi fiel, isso será, além da obrigação de caridade, faltar também à obrigação de justiça, não lhe pagando o que rigorosamente lhe deve e defraudando-o do que por direito lhe compete.

28. E se o escravo, além de ser bom e fiel, houver utilizado a seu possuidor com ofício ou agência que tenha e de que haja percebido alguns lucros, não somente lhe deve deixar a liberdade, senão que também o deve beneficiar com alguma coisa que mais lhe deixe da sua própria fazenda; que isso vem a ser, não o deixar pobre, como diz o transcrito texto literalmente: *nem o deixes sair na indigência*. Deve usar com ele em tais termos, proporcionalmente, o que obrou aquele senhor do Evangelho com o servo que lhe lucrou cinco talentos; e também com o outro, que somente lhe lucrou dois; aos quais ambos, pela sua fidelidade e pela sua agência, não somente os tirou do estado da servidão e os elevou ao foro de senhores na sua casa, senão que juntamente dividiu com eles os seus bens, metendo-os de posse com igualdade e dizendo a cada

um deles de per si (Mateus, 25:21): *Parabéns, servo bom e fiel! Como te mostraste fiel na administração de tão pouco, eu te confiarei muito mais.* O mesmo expõe Du-Hamel: *entra na minha casa, desfruta de meus bens.*[14] E faça-lhe, ao menos agora por sua morte, isso mesmo que já lhe devera ter feito em sua vida.

29. E quanto ao quarto e último modo com que esta servidão, ou sujeição servil, se finaliza, que é falecendo da vida presente qualquer destes cativos; em tal caso, devem os possuidores fazer a suas almas, e ainda a seus corpos, aqueles bons ofícios e benefícios que pede a nossa cristandade e a lei do próximo que professamos, no que certamente há muitos descuidos nos tempos presentes; se bem que maiores e mais frequentes os houveram nos passados, nos quais se achavam, no recôncavo e sertões deste arcebispado, homens tão inumanos que, além de não socorrerem as almas dos escravos falecidos, com missas e sufrágios, até por se pouparem à pouca despesa do seu pobre funeral e humilde sepultura, os mandavam enterrar indignamente nos campos, como se fossem jumentos; de sorte que, para se obviar tão ímpio procedimento, foi necessário impor-se pena pecuniária aos incursos nesta barbaridade, além da excomunhão maior contra eles fulminada na Constituição do mesmo arcebispado, n.844, onde se diz o seguinte:

30. *E porque na visita que temos feito de todo o nosso arcebispado, achamos – com muita grande mágoa de nosso coração – que algumas pessoas esquecidas, não só da alheia, mas da própria humanidade, mandam enterrar os seus escravos no campo, e mato, como se tivessem sido brutos animais: sobre o que desejamos nós prover, e atalhar esta impiedade, mandamos sob pena de excomunhão maior,* ipso facto incurrenda, *e de cinquenta cruzados pagos do aljube, aplicados para o acusador, e sufrágios do escravo defunto, que nenhuma pessoa de qualquer estado, condição e qualidade que seja, enterre, ou mande enterrar fora do*

---

14. Du Hamel, *Biblia Sacra Vulgatae Editiones*, p.288.

sagrado a defunto algum, sendo cristão batizado, ao qual conforme a direito se deva dar sepultura eclesiástica, não se verificando nele algum impedimento dos que ao diante se seguem, pelo qual se lhe deva negar. E mandamos aos párocos, e nossos visitadores que, com particular cuidado, inquiram do sobredito.[15]

31. E para que totalmente cesse esta falta de piedade, devem saber os possuidores destes cativos que, naquelas palavras de São Paulo (I Timóteo, 5:8): *Quem não cuida dos seus e, principalmente, dos de sua casa, renegou a fé e é pior que um infiel*; palavras as quais já acima expendemos a respeito dos senhores e possuidores de cativos que não tratam deles em vida, dando-lhes, como devem, o sustento, vestuário e a doutrina, e lhes não acodem com o necessário nas enfermidades, também se compreende este cuidado de tratarem deles por morte, amortalhando e sepultando seus corpos decentemente, e socorrendo suas almas com missas e sufrágios; de sorte que, do senhor ou possuidor que faltar a alguma destas duas obrigações, também se pode dizer com São Paulo neste texto que é pior que infiel, e que nega nas suas obras a mesma fé que conhece e que professa.

32. Porque, quanto à primeira falta, um dos artigos da fé é *Crer na ressurreição da carne;* isto é, que cada um de nós há de ressuscitar com o seu mesmo corpo e com os seus mesmos ossos e carne que agora tem; por não ser dificultoso a Deus, que tudo criou de nada, tornar a compor a todos novamente das mesmas cinzas em que se resolvem; e quando honramos com a mortalha, com a sepultura e com os funerais os corpos dos defuntos, entende-se que tudo isso fazemos protestando e dando testemunhos da fé com que cremos a sua ressurreição: logo, o não lhe fazer estes devidos benefícios, é negar nas obras e não dar testemunhos dessa mesma fé.

33. E é ser cada um pior que infiel ou gentio, porque gentios e infiéis há que, sem terem a luz da fé, nem crerem o dito

---

15. *Constituições primeiras do arcebispado da Bahia,* p.295-6.

artigo, honram com mortalhas, sepulturas e funerais gentílicos e, a seu modo, os corpos de seus defuntos; como tudo diz, convencendo este mesmo ponto, o expresso texto de direito canônico: *E se estas coisas fazem aqueles que não acreditam na ressurreição da carne, quanto mais devem fazer aqueles que acreditam; pois o cuidado com o corpo morto que aguarda a ressurreição é grande testemunho de fé.*[16]

34. E quanto à segunda falta, que o senhor ou possuidor do escravo falecido, que lhe não socorre a sua alma com missas e sufrágios, mostra negar a fé nas suas obras, também é claro; porque de fé é que há Purgatório, onde as almas dos fiéis, que morrem em graça de Deus, satisfazem com acerbíssimas penas que padecem os pecados cometidos nesta vida, como está definido no Concilio Florentino, na última sessão do Decreto da Fidei;[17] e no Tridentino, nas sessões 6 e 25 do Decreto do Purgatório;[18] e consta de muitos lugares da Sagrada Escritura e, entre eles, muito expressamente do capítulo 12 do livro segundo dos Macabeus.

35. E do mesmo modo é também de fé que as nossas almas são imortais, como consta de muitos lugares do Novo e Velho Testamento (Gênesis 37:25; Êxodo 3:6; Eclesiastes, 12:7; Mateus, 12:28, 22, 32; Lucas, 16:22; Apocalipse, 6:9 e 14:13); de fé é que com os nossos sufrágios as podemos aliviar e livrar

---

16. *Corpus Juris Canonici*, p.623.

17. "Também (é verdade que) o corpo do Senhor é realizado em pão de trigo fermentado ou não fermentado; e o que se crê sobre as penas do purgatório e do inferno, sobre a vida dos bem-aventurados e sobre os sufrágios oferecidos aos mortos."

18. "Já que a Igreja Católica, instruída pelo Espírito Santo, apoiada nas sagradas letras e na antiga tradição dos padres, ensinou nos sagrados concílios e recentemente também neste concílio ecumênico, que existe Purgatório, e que as almas que nele estão detidas são aliviadas pelos sufrágios dos fiéis, principalmente pelo sacrifício do altar, prescreve o santo concílio aos bispos que façam com que os fiéis mantenham e creiam a sã doutrina sobre o purgatório, aliás transmitida pelos Santos Padres e pelos sagrados concílios, e que a mesma doutrina seja pregada com diligência por toda parte."

192 *Etíope resgatado, empenhado, sustentado, corrigido, instruído e libertado*

daquelas penas, porque elas e nós estamos como membros vivos, unidos todos no corpo místico de Cristo; e, por isso, comunicamos e participamos uns das boas obras dos outros; que isto é o que cremos no artigo da comunhão dos santos, como expõe Nogueira.[19]

36. E, por isso, assim como os fiéis, que socorrem com missas e sufrágios as almas dos defuntos de sua obrigação, confessam com as obras e dão testemunho da fé com que creem estes ditos artigos, assim também, os fiéis que, pelo contrário, não socorrem com missas e sufrágios as almas dos defuntos da sua obrigação, nesta sua omissão negam e não dão testemunho da viva fé com que devem crer os mesmos artigos. E como entre os defuntos da obrigação de cada um se entendem também ser os servos e os escravos a respeito de seus possuidores, porque em tudo o que respeita ao seu bem temporal e espiritual correm paridade com os filhos, como repetidas vezes fica expendido, segue-se que, faltando os tais possuidores a socorrer as suas almas com missas e sufrágios, não dão testemunho da viva fé com que deviam crer que estarão no Purgatório padecendo acerbíssimas penas, e que delas as podem aliviar e livrar por meio dos seus sufrágios e do santo sacrifício da missa.

37. Por esta razão de crer vivamente os sobreditos artigos, mandou Judas Macabeu 12 mil dracmas – que eram certas moedas de prata – aos sacerdotes do templo de Jerusalém, para oferecerem sacrifícios e orações pelas almas de alguns dos seus servos e soldados falecidos que o haviam servido nas campanhas, como se refere na Sagrada Escritura no dito livro 2 de Macabeus (12:43); obrando, assim, impelido da viva fé que tinha da ressurreição dos seus corpos e imortalidade de suas almas e da comunicação das boas obras dos vivos para com os mortos: *Depois, tendo organizado uma coleta individual, que chegou a perto de 2 mil dracmas de prata, enviou-as a Jerusalém, a*

---

19. Nogueira, *Expositio bullae cruciatae Lusitaniae concessae*, p.493.

Oitava parte 193

fim de que se oferecesse um sacrifício pelo pecado: agiu assim, pensando muito bem e nobremente sobre a ressurreição; o que como coisa santa e pia lhe aprovou e confirmou por última conclusão o mesmo sagrado texto, no versículo 46, último daquele capítulo: *Eis por que mandou fazer o sacrifício expiatório pelos falecidos, a fim de que fossem absolvidos do seu pecado.*

38. E, à vista disto, se não queremos os possuidores destes cativos faltar com as nossas omissões à viva fé com que devemos crer os artigos da sua ressurreição, da imortalidade das suas almas e da comunicação dos santos, e se queremos dar autênticos testemunhos desta mesma viva fé, com que tudo devemos crer, imitemos o exemplo do sobredito Macabeu, mandando oferecer muitos sacrifícios, isto é, dizer muitas missas pelos escravos, que toda a vida, até falecerem, nos serviram, assim como ele fez aos soldados e servos, que talvez somente o serviriam naquela ocasião.

39. Pois além de satisfazermos com isso a nossa obrigação, mereceremos grandes prêmios na outra vida; e também nesta, como ele mereceu e se refere no mesmo livro; onde, depois daquela piedade, se diz que lhe mandara Deus nosso Senhor, da sua mão, uma espada guarnecida de ouro, segurando-lhe que com ela entraria sem receio nas batalhas e venceria seus inimigos, sendo mensageiros deste divino presente dois defuntos tão distintos e qualificados, como eram o sacerdote Onias e o profeta Jeremias (Macabeus 5:12, 15 e 16), de cuja mão a recebeu: *Então, estendendo a mão direita, Jeremias entregou a Judas uma espada de ouro, dizendo, enquanto a entregava: "Recebe esta espada santa, presente de Deus, com a qual esmagarás teus adversários!".*

40. Pois que melhor e mais invencível espada de ouro nos pode Deus nosso Senhor dar em agradecimento da caridade que exercemos com as almas dos cativos que nos servirem e falecerem na nossa sujeição, do que a de auxílios eficazes da sua graça, com que possamos vencer as batalhas e tentações dos demônios nossos invisíveis inimigos?

194 *Etíope resgatado, empenhado, sustentado, corrigido, instruído e libertado*

41. E pelo contrário, se faltarmos a esta obrigação, podemos, além da perda do prêmio, temer e recear o merecido castigo, que, quando não seja outro, será ao menos o de sentirmos também a mesma falta de caridade dos vivos para com as nossas almas quando se acharem no mesmo estado, que talvez não tarde muito tempo; pois os parentes se descuidarão, os amigos nem de nós terão lembrança, as irmandades, os testamenteiros e as confrarias terão demoras ou terão os descaminhos que muitas vezes sucedem por falta de fidelidade nos seus administradores.

42. Nesta conformidade, diz o venerando bispo João de Palafox, na terceira parte do *Ano Espiritual, Semana 4 de julho, n.52: Quem se não lembra dos seus amigos, dos seus companheiros, de seus pais, irmãos, conhecidos e obrigados, e os deixa padecer no Purgatório, que espera que seja dele se também lá for? Que memória pretende tenham? Que missas, que sufrágios e que esmolas?*[20] E no sobredito texto de direito canônico, se insinua que use cada um de piedade com os seus obrigados falecidos, com a maior diligência que puder, para que depois os seus obrigados vivos lhe façam também o mesmo com igual cuidado: *Que cada qual faça isso com a maior diligência pelos seus, para que da mesma forma os seus lhe retribuam.*[21]

43. E, além disto, já acima deixamos dito e outra vez agora repetimos, que estes cativos são nossos conservos a respeito de Deus; e por isso, se em vida e por morte usarmos de piedade com eles, com seus corpos defuntos e com suas almas, também este Senhor a terá de nós; porque as obras da nossa piedade e misericórdia com eles são premissas, cuja consequência *é* a piedade e misericórdia de Deus conosco, como se deduz do que o Senhor disse ao Servo do Evangelho (Mateus, 18:33): *devias tu também ter compaixão do teu companheiro*; se nas missas, sufrágios e orações por suas almas formos poupados

---

20. Mendoza, *Año espiritual*, p.331.
21. *Corpus Juris Canonici*, p.623.

Oitava parte 195

e diminutos, o mesmo serão, por permissão sua, aqueles de quem por morte esperarmos semelhantes benefícios, pois, como diz o citado Palafox, um dos efeitos ordinários da divina justiça neste ponto é sermos tratados pelos mais, assim como os outros forem tratados por nós.

44. E por isso cuidemos muito em encher nesta parte a medida da nossa obrigação, enquanto vivos; para que, por nossa morte, encham também a sua os nossos obrigados, atendendo a dizer o mesmo Senhor por São Lucas (6:38), que na mesma forma que agora medirmos, se nos medirá então; e que se agora enchermos bem a medida para os outros, fará ele que então a mesma medida se encha de tal sorte para nós, que a recebamos boa, refeita, calcada e transbordando: *Dai e vos será dado. Uma medida boa, socada, sacudida e transbordante será colocada na dobra da vossa veste, pois a medida que usardes para os outros, servirá também para vós.*

45. E esta é a forma com que se devem portar os possuidores destes cativos nos últimos fins da sua sujeição servil; com cuja exposição temos também chegado aos últimos fins deste discurso. Resta que, quem até aqui o houver lido, principie logo a praticar o mesmo que acabou de ler; porque tudo são doutrinas fundadas em leis divinas e humanas, das quais, para cada um se justificar perante Deus, no que respeita a comerciar, haver e possuir competentemente os mencionados cativos, não basta que seja leitor somente; necessário é que seja juntamente obrador, na conformidade do que diz São Paulo (Romanos, 2:13): *somente aqueles que observam a lei é que serão justificados por Deus.* Obre, pois, com eles o que neste opúsculo fica dito; e do modo injusto de os comerciar, haver e possuir direito de compra, transfira-se logo para o modo justo de os comerciar, haver e possuir direito de resgate; e aos que assim houver e possuir sustente, vista e instrua com maior providência e cuidado do que até agora o praticava, seguindo em tudo os ditames e doutrinas apontadas.

46. E para obrar isto mesmo, é necessário pedir a Deus nosso Senhor a sua graça; e que lhe assista com a luz interior do entendimento e moção interna da vontade; porque, sem isso, não poderá vencer as contrárias e repugnantes leis da nossa própria ambição e amor próprio; pois ele mesmo nos diz por São João (15:5): *sem mim, nada podeis fazer*; e por Santo Agostinho: *Fazendo muito ou fazendo pouco, nada conseguiremos executar desprovidos da ajuda Daquele sem o qual nada podemos fazer.*[22] O mesmo Senhor se digne dirigir tudo o que temos dito à sua honra, glória e louvor; que estes, de nossos pensamentos, obras e palavras, devem enfim ser os nossos últimos fins.

Louvo a Deus e à Sua mãe.

---

22. Augustin, *Œuvres complètes de Saint Augustin*, t.10, p.258-9.

Repertório das coisas mais e menos notáveis deste discurso

A

Açoites; como se portarão neste castigo os possuidores destes cativos, 5ª parte, n.23.

Ato; o que não vale pelo modo nulo, se poderá suster-se pelo válido, 3ª parte, n.6.

Ato nulo; se não é da mesma ordem do válido, a ele se não pode reduzir, 3.p., n.10.

Ato do agente; quando obra além da intenção do agente, 3.p., n.10 e 16.

Ação de graças a Deus nosso Senhor, que devem fazer os possuidores dos cativos, 8.p., n.2.

Agradecimento; de alguns brutos a seus benfeitores, 8.p., n.6.

Águia; a quem livrou o camponês de uma cobra: e ela o livrou do seu veneno, 8.p., n.7.

Alheação dos cativos remidos; como se entende, 2.p., n.9 e n.10.

Alimentos; devem os senhores prestar aos cativos, 4.p., n.4 e seguintes.

Almas; sua imortalidade é de fé, 8.p., n.35; e satisfazem por seus pecados no Purgatório, n.34.

Almas dos cativos devem os senhores socorrer com missas, sufrágios, e orações; e pela medida que lhos medirem, serão também medidos os seus, 8.p., n.42 e 43.

198 *Etíope resgatado, empenhado, sustentado, corrigido, instruído e libertado*

Amor do próximo deve se exercer com obras e não somente com a língua, e palavras, 4.p., n.15.

Amor de Deus, e do próximo são conexos, 4.p., n.14.

Anos; os que faltarem aos cativos remidos, pagarão cada um pela vigésima parte do seu valor, 2.p., n.36.

Anos; se devem entrar na conta para a compensação dos cativos os que até agora tiverem já servido, 2.p., n.37.

Assaltos dos pretos gentios não são guerras legítimas; são roubos e latrocínios, 1.p., n.3 e 4.

Assaltos sobreditos devem-se regular pelo mesmo direito de negociação pirática, 1.p., n.5 e 6.

Averiguação da legitimidade das escravidões não fazem os comerciantes destes cativos, quando os tomam aos gentios, 1.p., n.12.

Aves que aprenderam orações inteiras, e as repetiam, 6.p., n.9.

B

Barbaridade é mandar sepultar os cativos fora de lugar sagrado, 8.p., n.29 e 30.

Barbaridade é atormentar os cativos com pingos de lacre e semelhantes crueldades, 5.p., n.19.

Batismo; que efeitos causa nas almas dos batizados, 6.p., n.33.

Batismo; é iniquidade vendê-lo a troco de perpétua escravidão, 2.p., n.7.

Batismo; devem os possuidores dos cativos não retardar aos meninos e aos adultos, 6.p., n.30.

Benefícios; devemos agradecer a Deus o que nos faz no uso das criaturas, 8.p., n.2.

Benefícios; se devem fazer aos cativos falecidos com mortalha, sepultura e sufrágios, 8.p., n.29.

Benefícios; quais devem fazer os possuidores aos cativos no fim da sua servidão, 8.p., n.5.

Boa-fé; em que consiste, 1.p., n.28.

Boa-fé; quem com ela possui, como e quando é obrigado a restituir, 1.p., n.51.

Boa-fé cessa pela notícia superveniente, 1.p., n.57.

Bom agrado; com ele devem despedir os possuidores aos cativos no fim da servidão, 8.p., n.5.

Repertório das coisas mais e menos notáveis deste discurso **199**

Bom exemplo devem os senhores dar aos servos e cativos, 7.p., n.13.

Bom nome; também os cativos têm e não se lhe deve ofender, 5.p., n.33.

Bom; o que de si é, não se derroga pelo que é melhor, 2.p., n.26.

Brutos; a liberalidade os faz bons, 4.p., n.24.

C

Castigo deve ser bem ordenado no tempo, quantidade, qualidade e modo, 5.p., n.3.

Cativos; os de que se trata, são os donos da sua liberdade, da qual sempre retêm e nunca perderam o domínio, 1.p., n.16.

Cativos remidos; servem até pagar o seu resgate, 2.p., n.11, e 3.p., n.18; são como escravos, ibidem.

Cativos remidos; tendo servido o tempo, que baste para compensar o seu resgate, ficam livres, 2.p., n.12.

Cativo; provando em juízo que não foi tomado legitimamente com averiguação, e certeza de ser bem cativado, deve-se julgar por remido, e não por comprado, 3.p., n.23.

Cativo que, findado o tempo, quiser permanecer em casa, os senhores o deixem ficar, 8.p., n.19. e seguintes.

Comércio ou negociação de cativos sem exame e averiguação prévia é reprovado, 1.p., n.9. e 3.p., n.26.

Comerciantes de cativos compram, ou mandam comprar, já com ânimo e resolução de comprarem pessoas livres, 1.p., n.9.

Comerciantes de cativos andam em estado de eterna condenação, 1.p., n.12.

Comerciantes de cativos, raro, ou quase nenhum, será o que tenha nesta matéria ignorância invencível, que o escuse de pecado, 1.p., n.13.

Comerciantes de cativos têm fundamento para se persuadirem e saberem que os pretos gentios são mal e injustamente reduzidos a cativeiro, 1.p., n.15.

Comerciantes de cativos pecam mortalmente, comprando sem preceder exame e averiguação das escravidões, 1.p., n.15.

Comerciantes; como praticarão a via de redenção, 2.p., n.21.

Comércio de redenção de cativos, as leis o favorecem, 3.p., n.17.

Comércio de cativos sem averiguação dos títulos da sua escravidão é pecaminoso e contra justiça e caridade, 1.p., n.12.

200 *Etíope resgatado, empenhado, sustentado, corrigido, instruído e libertado*

Composição amigável com os cativos sobre o tempo pretérito, pode-se fazer, 2.p., n.37.

Compra e venda não têm forma extrínseca, além do consenso *preço*, 3.p., n.13.

Costumes injustos e nutritivos de pecados são ab-rogados e anulados pelos sagrados cânones, 3.p., n.2.

Coisas alheias, ou que se presume o são, é pecado mortal comprá-las, 1.p., n.14.

Coisas alheias são as liberdades, que se compram e vendem na negociação destes cativos, 1.p., n.16.

D

Dano e detrimentos causados aos cativos pela injusta compra dos comerciantes, lhe devem estes ressarcir, 1.p., n.17, n.18. e n.58.

Demonstrações, vestígios e arremedos de amor e gratificação até nas criaturas insensíveis e nos elementos se divisam, 8.p., n.6.

Desordens; quais se devem evitar no castigo dos cativos, 5.p., n.3.

Demônio assiste nas almas antes de batizadas as criaturas, 6.p., n.33.

Demônios são os vícios capitais, que ocupam toda a casa vaga, 7.p., n.11.

Deformidade da culpa original, significada na fealdade de um menino, que depois de batizado ficou formoso, 6.p., n.36.

Deuteronômio, as suas leis, no que respeita à doutrina, servem para a nossa imitação, e como, 5.p., n.24. e 8.p., n.13.

Direito de penhor e retenção, se adquire nos cativos remidos por comércio e pode-se passar e ceder a outrem, 3.p., n.18.

Divisão e repartição da liberdade, como a farão o possuidor e o escravo duvidoso, 1.p., n.46 e 47.

Divisível e estimável é a liberdade da parte dos possuidores; mas não da parte dos escravos, 1.p., n.43 e 45.

Domínio não adquirem os gentios nos cativos, que apanham furtivamente, nem os podem vender, 1.p., n.9.

Donativo com que se brinda o mensageiro de alguma oferta, é parte do agradecimento devido a quem a envia, 8.p., n.5.

Doutrina cristã, como a devem ensinar os senhores aos cativos, 6.p., toda ela.

Doutrina, e sua explicação para os cativos boçais, 6.p., n.21 e seguintes.

Doutrina; que diligências farão os senhores para que os cativos a aprendam, 6.p., n.11. e seguintes.

Repertório das coisas mais e menos notáveis deste discurso   201

Doutos e timoratos reprovam o comércio de cativos de Guiné, 1.p., n.1. e 9.

Dúvida propriamente tal, quando e como se conhece ser, 1.p., n.37.

Dúvida quando é igual, deve-se dividir a coisa entre o duvidoso dono e o possuidor de boa-fé, 1.p., n.40.

Duração; quanta será a dos cativos remidos na sua servidão, 2.p., n.32 a 37.

E

Emenda dos cativos, até onde se estende o poder, que para ela dão as leis a seus senhores, 5.p., n.20.

Enfermo, doentio ou velho, se estiver o cativo, findo o seu tempo, deve se conservar em casa, e não o lançar fora, 8.p., n.19.

Enfermos estando os cativos, devem os senhores curá-los e tratá-los, 4.p., n.9.

Equidade é julgar-se o cativo por remido e não por livre, 3.p., n.21.

Erro próprio é não evitar o erro alheio, 1.p., n.2.

Estimação, ou valor da arte, ou ofício, devem pagar os cativos que se libertarem, 2.p., n.28, e por que razão, n.29.

Estimação do ofício, ou arte, por razão dela servirão os ingênuos até idade de 25 anos, 2.p., n.28 e 30.

Estimação da arte, ou ofício a poderão pagar a dinheiro os ingênuos, não querendo servir, 2.p., n.51.

Estimável e divisível, como e quando é a liberdade, 1.p., n.43 e 45.

Espada de ouro, que Deus mandou a Judas Macabeu, 8.p., n.39.

Esponsais, incluem-se no matrimônio, 3.p., n.15.

Escândalo, ou mau exemplo, não devem os senhores dar aos cativos, 7.p., n.14 e 15.

Escrúpulo se regula pelo seu fundamento, e não pela própria suposição, 1.p., n.37.

Escravos servem com conformidade ao jornal dos jornaleiros, 8.p., n.13 e 14.

Etíopes são frívolos para o trabalho e são ambiciosos, 6.p., n.17 e 20.

Etíopes são muito inclinados à sensualidade, 7.p., n.5.

Exame da legitimidade das escravidões, não o fazem os comerciantes dos cativos, 1.p., n.12.

Exame das escravidões mandam os regimentos fazer, 3.p., n.26; ver também n.22.

Exemplar dos nossos olhos nas mãos de Deus, são os olhos dos cativos nas nossas mãos, 4.p., n.22.

202 *Etíope resgatado, empenhado, sustentado, corrigido, instruído e libertado*

Exemplos de maldições, ou pragas, que sucederam para castigo de quem as impreca e de quem dá a isso causa, 5.p., n.36.

Exemplo bom devem os senhores dar aos cativos, e como, 7.p., n.13 e seguintes.

Exemplo de Judas Macabeu, se deve seguir nos sufrágios pelos servos, 8.p., n.38.

F

Fato; quem a algum se acha obrigado, satisfaz pagando o interesse, 2.p., n.31.

Fatos; por ele se regula o ânimo e intenção de quem os obra, 5.p., n.34.

Fé recebida no batismo faz os cativos mais prontos e fiéis no serviço dos senhores, 6.p., n.38.

Fé nega nas obras quem não tem cuidado dos seus domésticos, na saúde, na doença e por morte, 4.p., n.13 e 14, e 8.p., n.31 e seguintes.

Fé, e seus mistérios e documentos, como os senhores devem instruir os cativos, 6.p., n.5. e seguintes.

Fé boa, ou boa-fé, em que consiste, 1.p., n.28.

Fiéis aos escravos que o são a seus senhores, e à República, dão as leis do Código a liberdade por prêmio, 8.p., n.25.

Fiéis; aos cativos que o forem, devem os senhores amar como irmãos e como a própria alma, 8.p., n.26.

Fiéis; aos cativos que o forem, não devem os senhores, por sua morte, deixar em servidão, nem em pobreza, 8.p., n.27 e 28.

Forma; é a que dá ser, existência e vida ao ato, 3.p., n.9.

Forma com que podemos reduzir aos termos lícitos a posse dos pretos cativos, 2.p., n.25.

Formosura milagrosa causada pelo batismo, 6.p., n.36.

Frutos dos escravos são os seus serviços, 1.p., n.51.

Frutos ou serviços dos escravos, como os devem restituir os possuidores de boa e de má-fé, 1.p., n.51, 52, 53 e 54.

Frutos ou rendimentos de qualquer coisa sempre igualam a vigésima parte do seu valor, 2.p., n.34.

Foro interno e externo quando são diversos, 1.p., n.39, e 2.p., n.23.

Funerais que se fazem aos defuntos, são testemunhos da nossa fé, 8.p., n.32.

Furto que fizerem os cativos a quem o senhor não der o sustento, carrega sobre ele, 4.p., n.34.

G

Gavião; das suas garras livrou uma ave, pronunciando a Ave Maria, 6.p.,. n.9.

Gentios; não têm que alterar os comerciantes com eles nada no comércio de redenção: porque sempre há de ser o mesmo ato externo de trocar o tabaco, e mais gêneros, pelos cativos que remirem, 2.p., n.21.

Gentios; grandes benefícios se lhes faz remindo-os e trazendo-os às nossas terras, 2.p., n.6.

Gentios não consentem que se faça averiguação da justiça das escravidões, 1.p., n.20.

Gentios reduzem a cativeiro a infinitos, que apanham nos assaltos e a outros muitos por modos injustos e repugnantes ao direito natural, 1.p., n.11, e 2.p., n.2.

Geração cível é a sujeição: pois faz, como filhos, aos domésticos, servos e cativos, 4.p., n.12.

Graças devemos render a Deus pelo uso e logro das criaturas ainda materiais, 8.p., n.2.

Graça recebida no batismo, efeitos que causa, 6.p., n.33.

Graça e amor de Deus não habita em quem se não compadece e socorre o próximo que vê necessitado, 4.p., n.9.

Graduação dos cativos, se deve atender na prestação do sustento e vestuário condigno, 4.p., n.6.

Gratificação dos benefícios, até os brutos a mostrarão algumas vezes, 8.p., n.6.

Gratificação devem os senhores ter com os cativos no fim da sua servidão, 8.p., n.5 e seguintes.

Guerras não são os assaltos dos gentios, com que se cativam furtivamente uns aos outros, 1.p., n.3 e seguintes.

Gritarias e clamores não devemos usar com os próximos, 5.p., n.39.

Grossos bordões, varas e outros instrumentos pesados, com eles se não devem espancar os cativos, 5.p., n.17 e seguintes.

H

História da ave, que livrou do gavião, repetindo a Ave-Maria, 6.p., n.9.

História de um camponês rude, que pelo interesse aprendeu a doutrina, 6.p., n.18.

História da formosura de um menino milagrosa e obrada no batismo, 6.p., n.36.

História de um escravo deixado por enfermo que foi ocasião da morte de seu senhor, 8.p., n.19 e seguintes.

Histórias de escravos fiéis, que zelaram a fazenda, honra e vida de seus senhores, 8.p., n.25.s

Histórias de animais agradecidos, apontam-se algumas, 8.p., n.6 e 7.

Histórias de pragas que caíram, referem-se duas, 5.p., n.36 e 37.

Homens iguais na natureza aos senhores são os cativos e como tais se devem tratar, 5.p., n.15 e 16.

Homens; de o serem e passarem a brutos e feras degeneram os que sarjam os cativos sobre os açoites, 5.p., n.19 e 26.

Homens livres, neles não cabe comércio por título translativo de domínio, 3.p., n.14.

Homens e mulheres que apanham os gentios furtivamente, não são seus cativos, nem eles os podem vender, 1.p., n.9.

Honestidade nos senhores devem os cativos ver, 7.p., n.14.

Honra que se faz aos defuntos com a mortalha, sepultura e funerais, é testemunho da fé com que cremos os artigos da ressurreição da carne e imortalidade da alma, 8.p., n.32, 35 e 36.

Honra da mortalha, sepultura e funerais, negá-la é ser pior que infiel, 8.p., n.52 e seguintes.

Honra; também os escravos a tem e é pecado injuriá-los, 5.p., n.53.

Humanidade; com ela tratava Lucílio os seus escravos, 5.p., n.16.

Humanidade; não respeita as suas leis e segue as da fereza e crueldade quem castiga os cativos com cem, duzentos, trezentos e quatrocentos açoites, 5.p., n.26.

I

Injúrias e pragas não devem dizer e lançar os senhores aos cativos, 5.p., n.31 e seguintes.

Infiéis; os cativos de idade até 7 anos devem logo ser batizados e apartados dos pais, se for necessário, 6.p., n.31.

Repertório das coisas mais e menos notáveis deste discurso 205

Infiéis; quando ainda o são os cativos, devem os senhores trabalhar a que se convertam e batizem, 6.p., n.30.

Infiéis honram os seus defuntos com sepultura e funerais ao seu modo gentílico, 8.p., n.33.

Ignorantes, se estão obrigados a restituição alguma aos escravos, 1.p., n.27 e seguintes.

Ingênuos nascidos das escravas remidas, quanto tempo devem servir e utilizar seus patronos pela criação e educação, 2.p., n.18, n.28 e n.30.

Ingênuos podem se remir desta obrigação pagando o interesse a seus patronos, 2.p., n.31.

Iniquidade grande é querer vender a redução à fé e recepção do batismo a troco de perpétua escravidão, 2.p., n.28.

Injúria; destrói o que edifica a correção; e tudo fica baldado, 5.p., n.32.

Injustiça das escravidões dos cativos comprados por gentios é muito e mais que muito verossímil, 1.p., n.10.

Injustiça com que se compram os cativos, em que se funda, 1.p., n.14.

Ira e cólera, deve-se esperar que passe a sua primeira intenção, antes de entrar no castigo dos cativos, 5.p., n.4 e seguintes.

Intenção; como a mudaram os comerciantes, 2.p., n.20 e 21. E como a mudaram os compradores e possuidores, n.22.

Inimigos domésticos fazem os senhores aos cativos, se os tratam mal, 5.p., n.30.

Instrução na doutrina cristã; como entraram a fazê-la os possuidores dos cativos, 6.p., n.5.

Instrução na doutrina para os cativos rudes, 6.p., n.23.

Instrução nos bons costumes; como a farão os possuidores dos cativos, 7.p., n.1 e seguintes.

Instrução nos bons costumes; para eles conduz muito dar aos cativos bons exemplos, e não lhes dar escândalo, 7.p., n.13 e seguintes.

Jornal dos jornaleiros; com conformidade a ele, servem os cativos e se lhes deve gratificar, 8.p., n.13 e seguintes.

L

Leão; como eles são os senhores que castigam os cativos desatentadamente pelo rosto e mais partes irregulares, 5.p., n.29.

Leis humanas impõem penas aos senhores que faltam ao sustento e mais necessidades dos cativos, 4.p., n.5 e n.10.

206 *Etíope resgatado, empenhado, sustentado, corrigido, instruído e libertado*

Leis, não basta que se leiam, é necessário que se obrem ou executem, 8.p., n.44.

Legitimidade das escravidões; visto se não poder já nos tempos presentes averiguar, não se podem os cativos pretos tomar aos gentios por via de compra, ou permutação com aquisição de domínio, senão somente por via de redenção com aquisição de direito de penhor, e retenção, 1.p., n.21, 2.p., n.5 e seguintes, e 3.p., n.3 e 4.

Lembrança muito assentadas nela devem ter os senhores as principais obrigações, que lhe correm de sustentar, vestir, curar, corrigir e instruir na doutrina e bons costumes aos seus cativos, 4.p., n.3.

Liberalidade até aos brutos enche de bondade, 4.p., n.25.

Liberdade se não deve dar aos cativos para saírem de casa a toda a hora e menos de noite, 7.p., n, 6.

Lições da doutrina cristã; como se darão aos cativos, 6.p., n.5, 6 e seguintes.

Liberdade pro parte; como se deve restituir, 1.p., n.44 e seguintes, e n.53 e 54.

Liberdade; com ela nascem os partos das escravas remidas, 2.p., n.13 e 18.

Liberdade de rigor de direito se devia julgar aos cativos africanos, 3.p., n.21.

Liberdade; pode-se vender aos escravos, 1.p., n.45.

Liberdade alheia não se pode comprar no todo ou em parte, 1.p., n.43.

Liberdade; como é divisa e indivisa, 1.p., n.43 e 45.

Liberdades são a coisa alheia, que os gentios vendem e os comerciantes lhe compram na negociação destes cativos, 1.p., n.16.

Lucílio; benevolência com que tratava os seus escravos, 5.p., n.16.

Luz da razão é a aurora que vem outra vez raiando no fim da cólera, 5.p., n.9.

Luz devemos pedir a Deus nosso Senhor, para podermos vencer as leis da própria ambição e amor próprio, 8.p., n.45.

M

Madrugada da noite da cólera, como e quando se entende ser, 5.p., n.8.

Madrugada; antes dela se levantava a mulher forte dos Provérbios a tratar do sustento dos escravos, 4.p., n.21.

Madrugada; nela castigavam os rabinos seus filhos diariamente, para não serem travessos em todo o mais dia, 5.p., n.7.

Mal; tolera-se o menor, por evitar o mais grave, 2.p., n.19.

Maioria da propensão do entendimento, obriga a restituir parte da coisa alheia, 1.p., n.54. e seguintes.

Maioria do erro, ou delito, por ela se há de regular o castigo dos cativos, 5.p., n.4.

Maldições ou pragas, não devem dizer e rogar os senhores aos cativos, 5.p., n.31.

Matrimônio não devem os senhores impedir a sua contração e o seu uso aos cativos, 7.p., n.8.

Matrimônio dos impúberes, se vale, 3.p., n.6.

Melhor; para o que o é, pode cada um mudar o conselho, não havendo prejuízo de terceiro, 2.p., n.21.

Melhor é algumas vezes o que somente é bom, do que aquilo que comparativamente é melhor, 2.p., n.26.

Misericórdia de Deus; devemos imitá-la, e como, 4.p., n.23, 24 e 25.

Misericórdia; o servo que a não usa com os parceiros, ou conservos, não merece a do senhor de todos, 4.p., n.23, e 8.p., n.44.

Modo de temperar o amor e o respeito que devem ter os cativos, 5.p., n.38.

Modo e via de examinar, averiguar e saber dos gentios a legitimidade e certeza das escravidões dos cativos que vendem, já o não tem nem podem ter os comerciantes, 1.p., n.20.

Modo com que se podem validamente comerciar e possuir os pretos cativos, 2.p., n.5.

Modo de castigar os cativos, não deve ser desordenado por obras ou por palavras, 5.p., n.27 e seguintes.

Modos injustos com que os pretos são cativados, 2.p., n.2.

Modos; quantos são os com que se finda a servidão, 8.p., n.1 e seguintes.

Moléstias e enfados que nos causaram, perdoaremos aos cativos, 8.p., n.11.

Moléstias e enfados causam os cativos ociosos, mais que os trabalhadores, 7.p., n.9.

Mulher forte dos Provérbios, deve-se imitar em dar diariamente o sustento aos cativos, 4.p., n.21.

N

Negociação de cativos por via de redenção, admitida ela sempre se hão de vender os cativos a cem mil reis, e mais, como de presente, 2.p., n.32.

E o que então se vem a vender e comprar é o direito de os reter e possuir como cativos, até pagarem, ou compensarem, 2.p., n.9 e 10.

208 *Etíope resgatado, empenhado, sustentado, corrigido, instruído e libertado*

Negociação de cativos, fazendo-se por via de redenção, não têm os comerciantes que alterar com os gentios; porque sempre fica sendo o mesmo ato de trocar o tabaco e mais gêneros pelos cativos, 2.p., n.21.

Negociação de comprar cativos aos gentios, sem constar da legitimidade da sua escravidão é reprovada, 1.p., n.9, e 3.p., n.1, e seguintes, e n.15.

Negociação de comprar cativos, sem averiguação da sua escravidão, é pecaminosa, e ofensiva da justiça e caridade, 1.p., n.12, e 3.p., n.1.

Notícia e fama que corre de serem os pretos furtados e mal cativados pelos gentios, faz propender o entendimento para a parte da injustiça de suas escravidões, na censura dos prudentes, 1.p., n.36.

Notícia que tiverem os possuidores destes cativos, quanta baste para os não poderem reter, 1.p., n.41.

Notícia; tanto que a tem qualquer pessoa da ilegitimidade com que estes pretos são cativados, logo cessa a boa-fé com que os possuíam, 1.p., n.57.

Notícias de quem é Deus e de como nos criou e outras mais, que devem os senhores dar aos cativos, 6.p., n.5.

Nomes injuriosos não devem os senhores chamar aos cativos, 5.p., n.31 e seguintes.

Noite do entendimento é a cólera, 5.p., n.6.

Nulos podem ser os atos e contratos por quatro modos, 3.p., n.7.

Nula pode ser a venda por uma de quatro nulidades, 3.p., n.7.

Nulidade ex defectu forma, de nenhum modo se supre, 3.p., n.8 e 9.

Nus ou malvestidos não devem os senhores trazer os cativos, 4.p., n.7 e 8.

O

Obras pias, nela se deve fazer restituição do dano causado aos escravos pelos comerciantes se forem falecidos, 1.p., n.19.

Obrigação alternativa, como se cumpre, 1.p., n.47.

Obrigação têm os comerciantes, debaixo de pecado mortal, de não comprarem ou mandarem comprar aos gentios estes cativos, visto se não poder averiguar a certeza e legitimidade das suas escravidões, e devem-se abster de negociar por esta via, porém, por outra, podem continuar o negócio, 1.p., n.21.

Obrigação de restituir parte da liberdade, têm os possuidores, como e quando, 1.p., n.41.

Obrigação alternativa, como se cumpre, 1.p., n.47.

Obrigação de servir até a idade de 15 e 25 anos, têm os ingênuos que nascerem das escravas remidas, 2.p., n.18, 28 e 30. E como se podem remir desta obrigação, n.31.

Obrigação de dar o sustento aos cativos, não se cumpre dando-lhe o domingo ou o sábado para o ganharem, 4.p., n.15 até 21.

Obrigações; duas contraem os comerciantes desses cativos; uma de ressarcir os danos pretéritos; e outra de evitar os futuros, 1.p., n.17 até 21. Obrigações dos senhores para com os cativos, quais, e quantas sejam, 4.p., n.2.

Ofício; se os remidos o aprenderem, entrará no cômputo do seu valor, 2.p., n.28 e 29.

Ofício; se o aprenderem os partos ingênuos, quanto tempo servirão mais a seus patronos, 2.p., n.28 e 30.

Oliveira; aos seus ramos novos se comparam os domésticos, 5.p., n.18.

Olhos; assim como temos os nossos nas mãos de Deus, têm os cativos os seus nas nossas mãos, 4.p., n.22.

Onésio; recomendação que dele fez São Paulo a Filêmon, 6.p., n.38.

Opinião; como se conhece o ato dela, 1.p., n.37.

Opiniões; duas há sobre valer o ato nulo, pelo modo com que pode ter validade, 3.p., n.6. e seguintes.

Ordenações do Reino mandam guardar os cânones no que envolver pecado, 3.p., n.2.

P

Partos das escravas nascidos no tempo da boa-fé, procedem a seu respeito as mesmas regras que em suas mães, 1.p., n.55 e 56.

Partos das escravas nascidos depois da dúvida ou notícia, deles se não podem senhorear os possuidores de suas mães, 1.p., n.57; e no contrário se lhe faz espólio, 2.p., n.13 e 20.

Parentesco somente por razão dele com os delinquentes cativam os gentios injustamente a muitos, 1.p., n.11 e 2.p., n.2.

Pecado mortal é comprar coisas que se presumem alheias sem prévia averiguação disso, 1.p., n.14.

Pecado mortal é comprar aos gentios os cativos sem o dito exame, 1.p., n.12 e seguintes.

'210 *Etíope resgatado, empenhado, sustentado, corrigido, instruído e libertado*

Piratas e ladrões gentios devem restituir a seus donos as coisas furtadas nas quais não adquirem domínio, 1.p., n.7.

Piratas e ladrões gentios não adquirem domínio, nem ficam sendo seus cativos os homens e mulheres que apanham e os devem restituir à sua liberdade, 1.p., n.8.

Possuidor de boa-fé, deve ser conservado na sua posse quando a dúvida é igual, 1.p., n.39.

Possuidor deve vender ao escravo a parte que nele tem maior ou menor, 1.p., n.25.

Possuidores destes cativos que os compraram com ignorância invencível e boa-fé, se não quiserem reduzir-se aos termos e via de redenção, estão obrigados a lhe darem logo liberdade, metade restituída e metade vendida, com a importância dos serviços, desde que neles cessou a boa-fé, 1.p., n.41 até 54, e n.59.

Possuidores destes cativos, que os compraram com alguma notícia e sem ignorância invencível, se não quiserem reduzir-se aos termos e via de redenção, estão obrigados a lhe darem logo liberdade em duas partes restituída e na terça parte vendida com duas partes dos lucros que os cativos podiam ter se estivessem na sua liberdade, 1.p., n.42, 44, 51, 52, 53, 54 e 59.

Possuidores destes cativos, enquanto os possuírem com boa-fé, sem notícia do que há nesta matéria, fazem seus os serviços, assim como os possuidores de boa-fé fazem os frutos de coisa alheia, 1.p., n.51, e 2.p., n.37.

Possuidores de boa-fé, como praticaram a via de redenção com os escravos que já possuíam, 2.p., n.22.

Possuidores de boa-fé, logo que lhes sobrevêm a notícia, cessa a boa-fé com que possuem, p., 1. n.57.

Possuidores de cativos, que possuem em boa-fé, logo que lhe sobrevier notícia de que vêm mal cativados, que devem fazer e como se devem portar, p.1. n.31.

Possuidores de boa fé, por força da dúvida, já não podem vender nem comprar os escravos duvidosos, 1.p., n.55 e 56.

Propensão maior do entendimento, para a parte da injustiça das escravidões, não pode cada um deixar de ater à vista da fama que corre e do que dizem os autores, 1.p., n.36.

Repertório das coisas mais e menos notáveis deste discurso

Propensão maior do entendimento, obriga aos possuidores destes cativos a restituir-lhes parte da liberdade, ainda que sejam possuidores de boa-fé, 1.p., n.34, 35, 36 e 51.

Profeta Jeremias, por ele enviou Deus uma espada de ouro a Judas Macabeu, 8.p., n.39.

Protestação da fé, com que cremos a ressurreição da carne, imortalidade das almas, Purgatório e comunicação dos santos; são a mortalha, sepultura, funerais, e sufrágios pelos defuntos, 8.p., n.32 e seguintes.

Prudência; com ela se devem castigar os cativos, evitadas as desordens, 5.p., n.3 e seguintes.

Q

Quais e quantas sejam as obrigações dos possuidores destes cativos, 4.p., n.2.

Quais são as desordens que se devem excluir no castigo, 5.p., n.3.

Qual deve ser o nosso agradecimento a Deus nosso senhor pelo uso e logro destes cativos, e ainda das coisas materiais e inanimadas, 8.p., n.2 e seguintes.

Qualidade e graduação dos cativos, se deve atender para a qualidade do seu sustento e vestuário, 4.p., n.6.

Qualidade do castigo dos cativos, como e quando se excede, 5.p., n.17 e seguintes.

Qualidade dos serviços, se deve atender na compensação dos cativos remidos, 2.p., n.17.

Quaresma; de uma a outra não devem os senhores deferir os sacramentos aos cativos, 7.p., n.22.

Quanto deva ser o nosso agradecimento a estes cativos no fim da sua servidão, 8.p., n.11.

Quantidade; qual deva ser a do castigo dos servos e cativos, 5.p., n.21.

Querela cível, concedem as leis aos escravos para haverem dos senhores o sustento, p., 4. n.5.

Querela cível, concedem as leis ao cativo (se o senhor o não tratar e curar na enfermidade) para que fique livre, 4.p., n.10 e 11.

Queixa; para que os cativos a não façam da falta do sustento, lhe dão alguns livre o dia de sábado, 4.p., n.20.

Questão que Molina e Rebelo e os mais autores omitiram, 1.p., n.32 e 34.

212 *Etíope resgatado, empenhado, sustentado, corrigido, instruído e libertado*

Questão sobre a redução do ato nulo a termos válidos, 3.p., n.5.

Quitação dos anos que serviram e dos que pagaram a dinheiro, devem os senhores dar aos cativos na carta que lhe passarem no fim da sua servidão, 8.p., n.10 e 19.

Quitação ou carta, devem sempre os senhores dar aos cativos, findo o seu tempo, ainda que eles fiquem permanecendo na sua companhia por ser o seu título, 8.p., n.19.

Quita total ou parcial do tempo que faltar aos cativos lhe devem os senhores fazer por morte e, sendo bons e fiéis, deve ser plena e total, 8.p., n.26.

Quinta ou roça; se o senhor se vai divertir nela, quando se devera ir confessar e comungar, dá mau exemplo aos cativos, 7.p., n.15.

R

Rabinos açoitavam os filhos logo de manhã para não serem travessos no resto do dia, 5.p., n.7.

Redenção é parte de compra e nela se inclui, 3.p., n.15.

Redenção é via média, que sem prejudicar o comércio, evita todos os encargos e detrimentos da outra via de compra e permutação, 2.p., n.3.

Redenção destes cativos; é comércio lícito, válido, livre de dolo, de pecados, encargos e embaraços, e é pio e católico o que não tem pela outra via, 2.p., n.6 e seguintes.

Regra; é sábio mudar de opinião, como e quando procede, 2.p., n.21.

Regra; na dúvida, se deve optar pelo mais seguro, como procede, 2.p., n.27.

Regra; melhor é a condição do possuidor, quando tem lugar, 1.p., n.25.

Reis gentios são verdadeiramente tais por graça e permissão divina, 1.p., n.3.

Reis gentios permitem a seus vassalos os assaltos e presas de cativos, 1.p, n.1.

Restituição do dano causado aos cativos injustamente comprados aos gentios, devem os comerciantes fazer aos mesmos escravos, 1.p., n.18. E sendo falecidos, ou ausentes, devem seguir as regras das outras restituições, n.19.

Restituição devem fazer aos escravos os que os compram, tendo alguma notícia da sua injusta escravidão, 1.p., n.23 e seguintes.

Restituição da liberdade, como se fará, p.1, n.43, 44, 53 e 54.

Repertório das coisas mais e menos notáveis deste discurso **213**

Restituição; para se livrarem da que devem fazer os possuidores desses cativos, como se haverão, 2.p., n.23 e seguintes.

Respeito e amor, como o devem temperar os senhores, 5.p., n.38.

Rigor e crueldade na correção dos cativos, leis humanas e divinas o proíbem, 5.p., n.20.

Rudes; sem embargo de o serem estes cativos, devem os possuidores acudir-lhes com todo o necessário, 4.p., n.23 e 24.

Rudes e ineptos já hoje são menos os pretos que vêm do que vinha algum dia, 6.p., n.8.

Rudeza de um camponês, venceu o interesse do prêmio, 6.p., n.18.

S

Sábado; não devem dar os senhores livre aos cativos para ganharem o sustento, 4.p., n.19.

Sacramentos; devem os senhores aplicar a eles os cativos, 7.p., n.22 e seguintes.

Sentimento e pena mostram os cativos quando os senhores lhes dizem injúrias, 5.p., n.34.

Serviço doméstico; nele devem os senhores ocupar os cativos e evitar-lhe a ociosidade, 7.p., n.10.

Serviços de cativos por mais inertes e incapazes que sejam, em vinte anos inteiram o seu valor, 2.p., n.35.

Serviços dos cativos, feitos no tempo de boa-fé e ignorância dos senhores, se devem ou não entrar na conta dos vinte anos, 2.p., n.37.

Servos; aos dois do Evangelho premiou o Senhor pela fidelidade e agência no lucro dos talentos, 8.p., n.28.

Servidão; por quantos modos se finaliza a dos cativos remidos, 8.p., n.1.

Severidade e respeito devem os senhores temperar com o amor e benevolência, 5.p., n.38.

Singularidade; quando as leis a concedem a fim de alguma utilidade, pode-se interpretar, ampliar e estender, quanto for necessário, para que a tal utilidade se consiga, 2.p., n.33.

Sócio do escravo comum, deve vender a sua parte ao consócio, 1.p., n.48.

Sócios; ficam sendo o escravo duvidoso e o seu possuidor na mesma liberdade, por razão da má-fé ou da maior propensão, 1.p., n.46.

214 *Etíope resgatado, empenhado, sustentado, corrigido, instruído e libertado*

Sustento devem os senhores dar aos cativos, mais, ou menos grosseiro, conforme a graduação deles, 4.p., n.6.

Sustento, devem os senhores dar, especificamente em farinha e conducto, e não em tempo para o ganharem os cativos, p.4, n.20.

Sustento é jornal dos cativos e não lho dar é não pagar o jornal aos que trabalham, 4.p., n.21.

Sustento e tudo o mais necessário, se deve dar aos cativos, ainda que sejam maus, 4.p., n.23 e 24.

Sufrágios, devem os senhores fazer aos cativos que falecerem na sua sujeição servil, 8.p., n.34.

Sufrágios de Judas Macabeu a seus servos e soldados falecidos, 8.p., n.37.

Suspeita de que algum vende coisas alheias, basta para nenhuma se lhe poder comprar, 1.p., n.21.

T

Temor e amor dos cativos aos senhores, como o devem estes conciliar, 5.p., n.38.

Tempo, não é alimento e coisa comestível, 4.p., n.20.

Tempo, quanto devam servir os cativos remidos, 2.p., n.32. 33.

Tempo, quanto devam servir os ingênuos partos das escravas remidas, 2.p., n.18, 28 e 30.

Tentações, não bastam nossas forças para as vencer, 7.p., n.22.

Testemunhos da fé, da ressureição da carne, imortalidade da alma e comunicação dos santos, são a mortalha, a sepultura, os funerais e os sufrágios que se fazem aos defuntos, 8.p., n.32 e seguintes.

Testemunhas, que provam a verdade da doutrina, são as obras de quem a dá, quando se conformam com o mesmo que ensinam, 7.p., n.17.

Timoratos e doutos reprovam a negociação e possessão dos cativos pretos pelo modo que atualmente se praticam, 1.p., n.1 e 9.

Título, quando é duvidoso, podemos variar a outro certo, que nos compita para suster ou roborar o nosso direito, 2.p., n.24.

Títulos das escravidões dos gentios africanos são injustos e contrários ao direito natural e das gentes, 1.p., n.11, e 2.p., n.2.

Trabalho e constância pedem as obras da natureza e da arte e as espirituais, 6.p., n.11 e seguintes.

Repertório das coisas mais e menos notáveis deste discurso 215

Tratamento necessário se deve dar aos cativos enfermos e não os deixar ao rigor dos males e providência da natureza, 4.p., n.9.

Tratamento bom e com amor faz que os cativos sejam nossos amigos; e o mau os faz inimigos domésticos, 5.p., n.30.

Travesso; se o cativo o for é necessário que a repreensão se acompanhe com o castigo, 5.p., n.1.

Travessuras; para evitar as dos filhos, os açoitavam os rabinos logo de madrugada, 5.p., n.7.

Triste e com as mãos vazias, não devem os senhores deixar sair de sua casa e companhia os cativos no fim da sua servidão, e por quê? E a conta que devem fazer para este efeito, 8.p., n.11 e seguintes.

V

Validade; quando a podem ter os atos nulos, por redução aos válidos, 3.p., n.5 e seguintes.

Valor e preço dos cativos, não se deve entender o que eles custaram na Costa da Mina e nos mais portos, senão aquele preço da primeira venda, que deles se fizer na alfândega ou na porta dos comerciantes, porque neste primeiro preço já vai incluído o lucro e interesse do comércio, 2.p., n.15.

Valor dos cativos, aumenta-se se aprenderam ofício e deve-se lhe computar, 2.p., n.28 e 36.

Valor dos cativos, por mais inertes que sejam, em vinte anos o recompensam, 2.p., n.35.

Valor das coisas frutíferas, computa-se pelo seu rendimento de vinte anos, 2.p., n.34.

Varinhas ou cipós delgados, com eles se devem fustigar os cativos, e não com bordões ou bastões grossos, 5.p., n.18.

Vender os cativos remidos, como se pode praticar, 2.p., n.9.

Vender deve o sócio ao consócio a parte que tiver no escravo comum, 1.p., n.48.

Vestuário devem os senhores dar aos cativos competente, 4.p., n.6.

Via de redenção, faz o comércio de cativos lícito, válido e pio, 2.p., n.6.

Via média em toda a matéria árdua, se deve seguir, 2.p., n.3.

Via e modo de se saber a justiça das escravidões dos cativos comprados aos gentios, já a não têm os comerciantes, 1.p., n.20, e 3.p., n.23.

Via de compra, ou outra aquisitiva de domínio, devem-se apartar dela os comerciantes destes cativos, 1.p., n.20 e 58.

Viático de dinheiro, ou outra coisa, devem os senhores dar aos cativos no fim da servidão, 8.p., n.5. e n.11.

Vida e costume, dos cativos, devem os senhores instituir e ordenar, 7.p., n.1. e seguintes.

Vingança, e não ensino, fica sendo o castigo ministrado no tempo da cólera e furor, 5.p., n.5.

Vícios dos cativos, devem ser castigados e repreendidos e não dissimulados, 7.p., n.6 e seguintes.

Vícios quais são os principais dos cativos a que se deve acudir, 7.p., n.4 e seguintes.

Virtude, não se pode introduzir por meios viciosos, 5.p., n.31.

Vozes mudas e misteriosas, com que nos clamam todas as criaturas de que nos servimos neste mundo, 8.p., n.3.

Z

Zelo e correção de Deus não é o castigar os domésticos e cativos no tempo da cólera com furor; é, sim, vingança, ira e sanha do demônio, 5.p., n.5.

Zelo; muitos cativos o tiveram da fazenda, honra e vida de seus senhores, que defenderam, ainda expondo-se e chegando a sofrer a mesma morte, 8.p., n.25.

FIM

Bibliografia das obras citadas por Manuel Ribeiro Rocha

A LAPIDE, Cornellius. *Commentaria*: in quatuor evangelia: in duo volumina divisi. v.8, t.1. Paris: Giffart, 1735.

ABOIM, Diogo Guerreiro Camacho de. *Decisiones, seu quaestiones forenses, ab amplissimo, integerrimoque Portuensi Senatu decisae*. Ex officina Bernardi Antonii de Oliveira, & suis expensis in lucem proditae, 1759.

_____. *De munere judicis orphanorum*: opus in quinque tractatus divisum, quorum primus est de inventario, in quatuor libros distributus... Conimbricae: apud Emmanuelem Rodericum de Almeyda, authoris expensis, 1699.

_____. *De munere judis orphanorum*: Tractatus II: de divisionibus et partitionibus in octo libros distributus, in que tornos divisus. Ulyssipone: Ex Officina Bernardi Antonii de Oliveira, 1759.

ABREU, Sebastiano d'. *Institutio parochi seu speculum parochorum*. Venettis: apud Paulum Balleonium, 1708.

AEROPAGITA, Pseudo Dionisio. *Coelestis hierarchia*: ecclesiatica hierarchia; diuina nomina; mystica theologia; duodecim epistolae. Venecia: in Vico Sanctae Formosae, ad Signum Spei, 1556.

ANTONINI, Sancti. *Summa theologica*. Parte 1. Veronae: Ex Thipographia Seminarii, 1740.

ARISTOTE. *La Politique*. Paris: Vrin, 1995.

ARISTÓTELES. *Econômicos*. Trad. Delfim F. Leão. São Paulo: Martins Fontes, 2011.

AROUCA, António Mendes. *Adnotationes practicae*. 2t. Ulyssipone: Ex Typographia Dominici Gonçalves, 1742.

AUGUSTIN, Saint. *Œuvres complètes de Saint Augustin*. t.12 e 23. Paris: Libraire de Louis Vivés, 1870.

AZOR, Juan. *Institutionum moralium, in quibus universae quaestiones ad conscientiam rectè, aut pravè factorum pertinentes, breviter tractantur*. Romae: Zannettus, 1600.

BARBOSAE, Augustini. *Praxis exigende pensiones*. Venetiis: apud Natalem Feltrini in Via Mercatoria sub Signo Virtutis Coronatae, 1710.

_____. *Thesaurus locorum communium jurisprudentiae*. t.1. Coloniae Allobrogum: Samptibus Marci-Michaelis Bousquet & Sociorum, 1737.

BERNARDES, Manuel. *Nova floresta*: ou sylva de varios apophtegmas e ditos sentenciosos espirituaes e moraes: com reflexoens, em que o util da doutrina se acompanha com o vario da erudição, assim Divina como humana. Lisboa Ocidental: Officina de Joseph Antonio da Sylva, 1728.

BONACINAE, Martini. *Operum de morali theologia*. Venetiis: apud Blausium Maldura, 1710.

CAESARII, Heisterbacensis. *Monachi. Dialogus miraculorum*. Coloniae; Bonnae; Bruxellis: Sumptibus J. M. Heberle, 1851.

CANCER, Jaime. *Variarum resolutionum iuris caesarei, pontificii, et municipalis principatus Cathalauniae*. Typographia Francisci Layno, 1718, et denuo apud Novellum de Bonis, 1732.

CANISIUS, Pierre. *Summa doctrinae christianae, una cum auctoritatibus (praeclaris Divinae Scripturae testimoniis solidisque SS. Patrum sententiis), quae ibi citantur, hic vero ex ipso fontibus a Busaeo Noviomago fideliter collectae, ipsis catechismi verbis subscriptae sunt*. Augsbourg: apud Carolum Kollman, 1833.

CASTELLANI, Ioannis de Salas. *Tractatus de legibus in primam secundae diui thomae*. Tomus Primus. Barcelona: Oficina Gabrielis Graells & Gerardi Dotil, 1607.

CHRYSOSTOME, Saint Jean. *Œuvres complètes*. t.11. Bar-Le-Duc: L. Guérin, 1807.

COLLOMBET, François-Zénon. *Histoire de Saint Jérome, père de l'Église au quatrième siècle*: sa vie, ses écrits et ses doctrines. Paris; Lyon: Paul Mellier Libraire; Mothon Libraire-Éditeur, 1844.

Bibliografia das obras citadas por Manuel Ribeiro Rocha **219**

CONSTITUIÇÕES primeiras do Arcebispado da Bahia. Brasília: Senado Federal; Conselho Editorial, 2007.

CORPUS Juris Canonici. Opus uno volumine absolutum pars I decretum gratiani. Lipsiae: Sumtibus Bernh. Tauchnitz Jun, 1839.

CORPUS Juris Civilis. v.1. Lipsiae: Sumtibus Baumgaertneri, 1868.

_____. *Opus Uno Volumime Absolutum*. Lipsiae: Sumtibus Baumgaertneri, 1848.

CRISÓSTOMO, S. Juan. *Opera, quatenus in hunc diem latio donata noscuntur*: Quintus et vltimus tomus operum Diui Ioannis Chrysostomi. Paris: apud Guillielmum Roland, 1546.

CYRI, Theodoreti Episcopi. *De Providentia orationes decem*. Parisii: apud Franciscus Pelicanum, 1630.

CYRIACI, Francisci Nigri. *Controversiarum forensium*. Livro IV. Geneva: Sumptibus Samuelis Chouët, 1652.

DE REYNOSO, Michaele. *Observationes practicae, in quibus multa, quae per controvertiam in forensibus judiciis adducuntur, felici stylo pertractantur*. Conimbricensis: Josephus Ferreyra Typographus, 1675.

DIANA, Antonini (R. P. D.). *Parnomitani, clerici, regularis*. Madrid: Imprenta de la Vivida de Francisco Martinez, 1646.

DIGESTUM Vetus sev Pandectarum Juris Civilis. t.1. Lugduni: apud Hugonem A Porta, 1572.

DREXÉLIO, Jeremias. *Noe architectus arcae in diluvio navarchus descriptus et morali illustrates*. Antuerpiae: apud viduam Io. Cnobbari, 1640.

DU HAMEL, João Baptista. *Biblia Sacra Vulgatae Editiones*. Venetiis: Ex Typographia Remondiniana, 1763.

FAGUNDES, R. P. Sthepani. *In quinque priora praecepta decalogi*. Lugduni: Sumpt Laurentii Anisson et Haered G. Boissat, 1640.

GALLECO, Ioannes Garsia. *De expensis et meliorationibus*. Matriti: Ferdinandi Correa, 1622.

GELLIUS, Aulio. *Les Nuits attiques d'Aulu-Gelle*. Paris: Chez Dorez, 1776.

GOMEZ, D. Antonio. *Ad leges tauri commentarium*. Venetiss: Ad Signum Columbae, 1591.

GRANADA, Luis de. *Secundus tomus Concionum de tempore*: quae quartis, & sextis feriis, & diebus dominicis quadragesimae in Ecclesia haberi solent. De Poenintentia. Lyon: Alexandre de Villeneuve, 1598.

GRATIANI, Stephani. *Disceptationum forensium iudiciorum*. t.1. Coloniae Alobrogun: Petrum Albertum, 1622. p.261.

220 *Etíope resgatado, empenhado, sustentado, corrigido, instruído e libertado*

GRATIANI, Stephani. *Disceptationum Forensiun Judiciorum.* t.2. Genevae: Sumptibus Samuelis Chouët, 1664.

GREGORII, Sancti, Papae I. *Magni milleloquium morale, in quo continetur quidquid scripsit.* Editio novissima. Lugduni: apud Joannem-Baptistam de Ville, 1683.

_____. *Opera Omni.* Caraboli et Pompeati (T. 01), 1768.

GUSMÃO, Alexandre de. *Arte de criar bem os filhos na idade da puerícia.* São Paulo: Martins Fontes, 2004.

HERMOSILLA, Gaspar de. *Additiones, notae et resolut. ad partitarum glossas et cogita de Gregorii Lopetii.* t.2. Partis I, Parte 5. [Baeza]: Typographus Petrus à Costa, 1634.

INSTITUTES de l'Empereur Justinien. t.1. Livro 1. Paris: Librairie de Jurisprudence de Videcoq, 1839.

INTRODUCTIONIS in notitiam scriptorum ecclesiatiorum. In: BELLARMINO, Roberto Cardinale. *De scriptoribus ecclesiastics.* Livro 1. Coloniae: Sumpt Johannis Christiani Wohlfartii, 1684.

JÉROME, Saint. *Œuvres completes de Saint Jérome.* t.3. Paris: Louis Vivés Libraire-Editeur, 1878.

_____. *Lettres de S. Jérome.* t.1. Paris: Bordelet, 1743.

JOÃO PAULO II, Papa (Prom.). *Código de Direito Canônico (Codex Juris Canonici).* 16.ed. São Paulo: Loyola, 2005.

LAURETUS, Hieronymus. *Sylva, seu potius hortus floridus allegoriarum totius sacrae scripturae.* Coloniae Agripinae: apud Josephum Huisch, 1742.

LES DOUZE livres du code de l'empereur Justinien. 2.ed. v.11 e 13. Traduits en français par P. A. Tissot, jurisconsulte, membre de plusieurs sociétés savantes. Metz: Chez Behmer, 1807.

LOHNER, Tobiae. *Instructissima bibliotheca manualis concionatoria.* v.1. [s.l.]: Joannis Caspari Bencard, 1698.

LUDOLPHUS DE SAXONIA. *Vita Jesu Christi*: e quatuor evangeliis et scriptoribus orthodoxis concinnata. [s.l.]: V. Palmé, 1865.

LUSITANO, Benedicto Aegidio. *Commentaria ad leg. prim. c. de sacrosanct. eccles. sex practibus distributa. Opus practicis, ac scholasticis disputationibus contextum.* Lisboa: Ex Officina Petri Crasbeeck, 1609.

_____. *Commentarium in L. Ex. Hoc. Jure ff. de Justit. et Jur*: universam contractuun materiam generatim amplectens. Deo dicatum opus. Lisboa: Ex Officina Petri Craesbeeck, Typographi Regii, 1619.

MANTICA, Francisco. *Vaticanae lucubrationes de tacitis et ambiguis conventionibus*: in Libros XXVII. Dispertitae, v.1. [s.l.]: Chöuet, 1631.

MEDIOL, S. Ambrosii Episcopi. *Hexaemeri*. Libros Sex. Lipsiae: Sumtibus et Typs Bernh Tauchnitz, 1840.

MENDOZA, Don Juan de Palafox y. *Año espiritual*. Madrid: Pablo de Val, 1662.

MERLINO, Mercuria. *De pignoribus et hypothecis*. Coloniae Alobrogun: Ex Thypographia Petri Chouët, 1650.

MOLINA, Luis de. *De iustitia et jure tratactus*: qui est de iustitia comutativa circa bona corporis, personarumque nobis coniunctarum. Venetiis: apud Sessas, 1611.

MORAES, Silvestre Gomes. *Tractatus de executionibus instrumentorum et sententiarum*. 3v. Conimbricae; Ulyssipone Occidentali: Serenissimae Reginae Typographum, 1729-1733.

NAVARRO, Martin de Azpilcueta. *Manual de confessores e penitentes*. Coimbra: Joam de Barreyra; Impressor Universidade, 1560.

NOGUEIRA, Ludovici. *Expositio bullae cruciatae Lusitaniae concessae*. Coloniae Agrippinae: Sumptibus Fratrum Huguetam, 1691.

NOVELLAE Constitutiones Imperatorum Theodosii II; Valentiniani III; Maximi; Maiorani; Severi; Anthemii. Lipsiensis: Prostant Bonnae apud Adolphum Marcum, 1844.

ORDENAÇÕES Filipinas. Livros III, IV e V. Lisboa: Fundação Calouste Gulbenkian, 1985.

PEGAS, Emmanuelis Alvarez. *Resolutiones forenses practicabiles*. Ulyssipone: Ex Typographia Michaelis Deslandes, 1682.

PELUSIOTAE, Sancti Isidori. *De interpretatione divinae scripturae epistolarum editio prima Veneta latina*: Auctior et emendatior. Venetiis: Ronconella, 1745.

PEXENFELDER, Michaelis R. P. *Florus biblicus et concionator historicus*. Parte 2. [s.l.]: Sumpt. M. Rieger, 1747.

PLATO. *Dialogues of Plato*. v.4. London: Macmillan; Publishers to the University of Oxford, 1871.

PLINIO SEGUNDO, Cayo. *Historia natural de Cayo Plinio Segundo*. t.2. Madrid: Ivan Gonzales, 1629.

PORTUGAL, D. Dominici Antunez. *Tractatus de donationibus jurium et bonorum regiae coronae*. Lugduni: Sumptibus Anisson & Posuel, 1699.

222 *Etíope resgatado, empenhado, sustentado, corrigido, instruído e libertado*

QUINTILIANO, Marco Fabio. *Quintilian's Institutes of the Orator*. 12v. London: B. Law & J. Wilkie, 1774.

REBELLO, Fernando. *Opus de obligationibus justitiae, religionis et caritatis*. Lugduni: apud Sumptibus Horatii Cardon, 1608.

RHODIGINI, Lodovici Caelli. *Lectionum antiquarum*. t.2. Lugduni: Sebastianum Honoratum, 1562.

ROTERODAMI, Desiderii Erasmi. *Opera omnia*. t.4. Lugduni Batavorum: Curâ & Impensis Petri Vander A, 1703.

SALAZAR, Ferdinandi Quirini. *Expositio in proverbia Salomonis*. Lugduni: Ex Officina Ioannis Pillehote Sumptib. Ioannis Caffin & Francisci Plaignard, 1636.

SALMANTICENSIS, Collegii. *Cursos theologiae moralis*. Livro VI. Venetiis: apud Nicolaum Pezzana, 1750.

SALVIAN (de Marseilles). *Œuvres de Salvien*: traduction nouvelle, avec le texte en regard (notes et préface). Paris; Lyon: Bohaire; Sauvignet et Cie, 1833.

SAMPAIO, Antonio de Villas-Boas e. *Nobiliarchia portugueza*: tratado na nobreza hereditária e política. Lisboa: Oficcina de Francisco Villela, 1676.

SÁNCHEZ, Tomás. *De sancto matrimonii sacramento disputationum*. Venetiis: apud B. Milochum, 1672.

SANCT ANTONINI. *Historiarum domini*. Parte 3. J. Myt, 1527. fl.77.

SANCTO LAURENTIO, Richardus de. *De laudibus Mariae*. Livro 2. Strassburg: Johann Mentelin, 1473. [Também atribuído a Albertus Magnus]

SANCTORO, Juan Basílio. *Prado espiritual recopilado de autores antigos clarissimos e santos doutores*. Madrid: Andres Garcia, 1674.

SCACCIA, Sigismondo. *Tractatus de commerciis, et cambio*: in quo non minus opportune... tractatur de mora, interesse, usura, solemnitate scripturae... Coloniae: Sumpt. Viduae Wilh. Metternich & filii, 1738.

SÉNECA, Lúcio Aneu. *Cartas a Lucílio*. Lisboa: Fundação Caloustre Gulbenkian, 1991.

SÉNÈQUE. *Œuvres complètes de Sénèque le philosophe*. t.3. Paris: Garnier Frères; Libraires-Editeurs, 1860.

SOARES, João Alvares. *Progymnasma literario: e thesouro de erudiçam sagrada, e humana, para enriquecer o animo de prendas, e a alma de virtudes. Tomo I. que contem setenta e dous discursos moraes, politicos, academicos, doutrinaes, asceticos, et predicaveis, dispostos pelas letras do alfabeto até a letra C.* Na Officina da Musica de T. Antunes Lima, 1737.

Bibliografia das obras citadas por Manuel Ribeiro Rocha

SOMOZA, Francisco Salgado. *Tractatus de supplicationi ad sanctissimun a literis et bullis apostolicis*. Lugduni: Sumptibus Fratrum de Tournes, 1758.

SOUSA, Inácio Pereira de. *Tractatus de revisionibus Augustissimae Caelorum Reginae Virgini Dei Parenti, Hominum Matri, Mariae...* Lisboa: Tipografia Dominici Gonçalves, 1744.

SYLVA, Emmanuelis Gonçalves da. *Comentaria ad Ordenationes Regni Portugalliae*. t.2. Ulyssipione Occidentali: Ex Typographia Antonii Pedrozo Galram, 1732.

_____. *Commentaria ad Ordinationes Regni Portugaliae*: in quibus dilucide singulae leges explanantur, ac enucleantur secundum juris, ac praxis in utroque foro laico & ecclesiastico theoricam continuando scilicet ex lib. 4. tit. i. ad perficiendum opus commentariorum ab emmanuele alvares pegas editorum usque ad tit. 12. lib. 3. Ulyssippone Occidentali Lisboa: apud Haredes Antonii Pedrozi Galram, 1740.

TOMÁS DE AQUINO. *Suma teológica*. São Paulo: Loyola, 2003.

TRADUCTION du Livre XX et du titre VII du livre XIII Des Pandectes. Paris: Gustave Thorel Libraire, 1840.

TRULLENCH, Ioanne. *Aegidio*. Bullae Sanctae Cruciatae expositio. Valentiae: Ioannen Baptistan Marçal, iuxta Templum Diui Martini, 1626.

VAZ, Alvaro. *Praxis partitionum et collationum inter haeredes secundum ius commune ac Regium Lusitaniae*. Venetiis: apud Bernardum Iuntam, Ioan. Bapt. Ciottum & Socios, 1609.

VINNII, Arnoldi J. C. *In quatuor libros institutionum imperialium commentarius academicus & forensis*. Editio postrema, authoris notis, anteà seorsim impressis, aucta, titulorum concordantiis & paragraphorum summulis adornata, à mendis purgata, adeoque emendatissima. t.2. Amstelædam: Prostant apud Janssonio-Waesbergios, Boom & Goethals, 1786. p.247.

_____. *In quatuor libros institutionum imperialium commentarius academicus & forensis*. Editio postrema, authoris notis, anteà seorsim impressis, aucta, titulorum concordantiis & paragraphorum summulis adornata, à mendis purgata, adeoque emendatissima. t.1. Amstelædam: Prostant apud Janssonio-Waesbergios, Boom & Goethals, 1755.

SOBRE O LIVRO

Formato: 14 × 21 cm

Mancha: 24 × 40 paicas

Tipografia: Iowan Old Style 10/14

Papel: Off-white 80 g/m² (miolo)

Cartão Supremo 250 g/m² (capa)

1ª edição Editora Unesp: 2017

EQUIPE DE REALIZAÇÃO

Capa

Estúdio Bogari

Copidesque

Maísa Kawata

Revisão

Sandra Kato

Tulio Kawata

Editoração eletrônica

Nobuca Rachi

Assistência editorial

Alberto Bononi